携手共渡生命河

Marriage: A Covenant for Life

袁大同 著

南方出版社

图书在版编目（CIP）数据

携手共渡生命河 / 袁大同著. —海口：南方出版社, 2011.12（2012.9重印）

ISBN 978-7-5501-0672-7

Ⅰ.①携… Ⅱ.①袁… Ⅲ.①婚姻—通俗读物 Ⅳ.①C913.13-49

中国版本图书馆CIP数据核字（2011）第262875号

书　　名：携手共渡生命河
作　　者：袁大同

出 版 人：赵云鹤
出版发行：南方出版社
地　　址：海南省海口市和平大道70号
邮　　编：570208
电　　话：（0898）66160822
传　　真：（0898）66160830
经　　销：新华书店
印　　刷：环球印刷（北京）有限公司
开　　本：880×1230　1/32
印　　张：8.25
字　　数：170千字
版　　次：2011年12月第1版　2012年9月第2次印刷
书　　号：ISBN 978-7-5501-0672-7
定　　价：29.00元

该书如出现印装质量问题，请与本社北京图书中心联系调换
电话：（010）65068303-622

序

　　无数人因着对婚姻美好的憧憬进入婚姻的殿堂，也有无数人因着不知如何建造他们心目中的理想婚姻，在婚后出现各种问题和矛盾时选择了逃离。婚姻有两面性，可以成为安静休憩的港湾，也可能成为痛苦的根源。而机会之门一向是为有准备的人敞开的，敢于接受婚姻生活诸多挑战的人，勇于直面自己的不足，积极寻找有效方法建造和改善自己的婚姻，使婚姻变成美好的乐园。

　　在本书中，袁大同老师以他多年来对婚姻的深刻认知和在婚姻辅导中积累的丰富经验，向读者阐述了婚姻的真谛。从婚姻的最基本建造到婚姻的维护，本书涵盖了健康的婚姻必须具备的每一个要素。袁老师本人更以在妻子生病期间无怨无悔、不离不弃的美好见证，向世人显明了何为婚姻中的坚贞与忠诚。

　　愿所有对婚姻有着美好憧憬、愿意接受婚姻生活挑战的伴侣，都能够通过本书得到祝福！

吕光　王之白

自　序

　　《携手共渡生命河》一书，终于在弟兄姐妹的协助下完成并与广大读者见面了。

　　1999年5月1日是我和妻子结婚16年纪念日，那时我们第一次宣讲以圣经为基础的婚姻原则，至今已有12年的时光了。一路走来，经过无数的挫折、困苦和艰辛，但也有无尽的平安、喜乐和收获。许多破碎的家庭通过我们的事工得以破镜重圆，许多的浪子通过学习圣经的婚姻原则生命得到改变，然而受益最大的还是我们自己。本书是在我们12年来婚姻讲座文稿和录音录像的基础上编纂而成的。多年前就有许多的弟兄姐妹鼓励我把这些内容写成书，但是我总觉得不到时候，因为总觉得还不够成熟。直到2010年初，一些弟兄姐妹自告奋勇主动地发起这个工作，并且自愿担当起执笔的重任，这个工作才开始进行并得以完成。在此我要特别感谢迟耿杰、滕咏莲、徐艳青三位姐妹为此书出版所做出的重要贡献。没有她们的帮助，出版工作不会进行得这么顺利。

　　我们的婚姻事工可明显地划分两个阶段：

　　前六年是第一个阶段，那时我的主要工作是将我们在国外所学习到的课程本土化，就是用中国话、中国的风土人情、中国的传统习俗以及我们自己的一些亲身经历，来替代原课程中的外国案例和讲解风格，那时事工的目标也单纯地设定在要在中国推动建立幸福和谐的家庭。那时我很大程度上是将它作为一个事业来做的。当我们对课程的内容比较熟悉、讲课也轻车熟路的时候，我们也开始遇到越来越多难以解释和解决的案例。这一状况使我开始对自己所传讲的信息的力度不满起来，而且开始怀疑工作的目标是否有误。

后六年是第二个阶段，我和妻子在婚姻生活中的一些问题和困惑显现出来。于是，我开始真正地转向基督寻求解决问题的根本方法。在我最挣扎困惑的时刻，上帝开了我的心。我明白了，我们婚姻辅导工作的主要目标应当是第一关系（与基督的关系）的改善，而不是注重于第二关系（夫妻关系）的改善。

你的目标会决定你所选择的道路和采用的方法。若仅以"婚姻和谐"为目标，我们所有的方式方法就都会围绕这一目标而进行，沟通技巧、性格测评、心理分析等等企图解决婚姻中具体问题的"智慧"就会纷至沓来。我发现一些人热衷于得到一些"操作性强"的方法，其实是在寻找一条不通过十字架就可以解决问题的途径。这些方法与十字架的道路，二者根本的区别在于："操作性强"的方法是想要改变别人，而十字架的道路却是改变自己。我12年的事工经历所得出的结论是：婚姻问题的解决离开十字架将一事无成。信仰与婚姻生活不可分。只有在信仰上扎根，才能让婚姻之树枝繁叶茂。所以，我开始轻看那些我曾经看重并使用的"智慧"，而转向单单地寻求上帝的心意。保罗说他从来不用"智慧"的言语，免得基督的十字架落了空。"弟兄们，从前我到你们那里去，并没有用高言大智对你们宣传上帝的奥秘。因为我曾定了主意，在你们中间不知道别的，只知道耶稣基督并他钉十字架。"（林前2：1-2）

我得到的启示是：如果我们只注重第二关系（夫妻关系）的改善，而忽视第一关系（与基督的关系）的改善，其结果是第二关系也不能得到改善，即便改善也是有条件的、表面化的、暂时的，而不会是长久的、深刻的、根本的。这样，所求得的方式方法也都会成为操纵对方的手段。只有扎根于信仰，才能在婚姻生活中活出美好的见证来。所以，将关注的焦点放在第一关系（个人与基督关系）的改善时，能得到根本解决问题的钥匙。人们只有从爱的源头——基督——那里得到力量，才能去爱那个已经让你感觉"不可爱"的人。因为，婚姻的破裂都是因为对方不再让你觉得可爱甚至变得可恨，你觉得已经没有力量再与这个让你饱受压力和委屈的人共同生活下去。

　　圣经向我们揭示了上帝创造婚姻和创造男女两种性别的真实目的。它向我们彰显了婚姻中的次序和互动的原则。就像交通规则维系着城市的正常运转一样，这些典章律例维系着整个人类社会的生存与发展。本书通过对圣经中相关经文的剖析和讲解来解读婚姻的奥秘，让人们看到上帝创造的伟大，以及他的律例法则的永恒性和不可动摇性，启发并鼓励人们脱离社会上的一些貌似合理实为虚谎的说法和传统之误区，回到真理，建立一个充满爱的婚姻生活。

　　本书的书名，来自我多年前送给妻子的一副对联，"并肩同走人间路，携手共渡生命河"。此联的横批是"永恒盟约"。

妻子寄语

在这十多年的婚姻家庭事工中，我和丈夫一起经历了属灵争战的风风雨雨，上帝不断地修理、打造我们，在我们身上彰显了他的大能。

从刚开始学习做婚姻家庭的工作，到经历十字架的道路；从追求家庭生活的幸福感受，到对婚姻关系无条件地委身……我的丈夫一直都是一步一个脚印跟随基督的脚踪行。他是在实践中感悟上帝的真道，在生活中彰显基督的生命，用亲身经历写下这本书。

与上帝关系好的丈夫将使妻子受益匪浅，我体会到一个真正的好丈夫是从基督来的。在我们共同度过的岁月里，虽然有过许多的痛苦，但我一直感受到丈夫的关怀和爱。他的这本书时刻提醒我，上帝看重的是我们内在的生命，妻子应该做好助手，夫妻关系应该恢复到当初在伊甸园时上帝所设立的状态，美好而和谐。

总的来说，从吵吵闹闹到恩恩爱爱，我们夫妻俩一直沐浴在上帝的大爱中，我们为此感谢他、赞美他。愿此书能祝福更多的人。

袁李尔玲

儿子心里话

在很多人看来，我的父亲是婚姻家庭方面的专家，是一位德高望重的老师，甚至一个属灵的领袖。多年来，全国各地的教会都遍满了他的足迹，很多人都从他的讲座、书籍和光盘中得到了帮助，家庭生活发生了巨大改变。

所有人看到的都是站在讲台前慷慨激昂讲课的袁老师，但对于我来说，他不是一个对人讲述自己有多么坚强、多么属灵的圣人，而是一位真实的父亲。他会犯错、会跌倒、会软弱，但是他从未忘记他对家庭的责任。如果说他所讲的信息使我对婚姻家庭有了更深刻的认识，那么他的一言一行更是如此。在我心中，他是一个伟大的父亲，不是因为他的名声和影响力，而是因为他对妻子、儿子始终如一的责任感。

他用自己的行动教会我如何做一个丈夫、如何爱自己的妻子、如何成为一个父亲，更让我体会到了上帝与我们的关系和对我们永不止息的爱。我的父亲是我的榜样。

袁震

目 录

引言

成功的五大秘诀··························· 1

第一章

婚姻的目的··························· 9

第二章

婚姻的设立··························· 47

第三章

婚姻中的秩序······················· 87

第四章

妻子的角色························· 107

第五章

丈夫的角色························· 149

第六章

极大的奥秘························· 213

附录

两条生命的轨迹　两种生命的动力··· 235

引言
成功的五大秘诀

一名高中生功课不好，父亲把他叫到跟前，问："儿子，老师说你在学校什么都不行，为什么会这样？"

儿子说："爸，我有行的呀！"

父亲说："你什么行？"

"您忘了？我是我们校冰球队的主力前锋啊！"儿子回答。

"哦，我倒真是忘记了！果然还有你行的事。"爸爸笑了，"那你跟我说说，为什么你冰球打得那么好呢？你一定有什么秘诀吧？"

"我能有什么秘诀？不过就是喜欢罢了。第一次在电视里看到冰球比赛，我就被迷住了。那时我就暗下决心：等我长大了，一定要做一名最好的冰球运动员！"

"后来呢？"父亲追问。

"后来？我只要一有空就往冰球场跑。别的同学放学后就在家里做作业、学乐器、学电脑或者玩游戏，我却是一门心思滑冰，别的什么都顾不上了。所以我学习成绩不如他们好。"

"据我所知，你的同学们都会滑冰，为什么你滑得比他们都好呢？”

"他们都太娇气！在冰场上摔跟头是家常便饭，他们一摔疼了，就坐在那里哼哼唧唧半天不起来，有的甚至就不滑了。我跟他们不一样，不管摔得多狠，我都会一个骨碌爬起来，连身上的冰渣子都不拍打，接着滑。"

"很像个男子汉嘛！有老师教你吗？"

"哪里去找老师？我看冰场上谁滑得好，就紧紧地跟在他后面，他怎么滑我就怎么滑，仔细模仿他的动作。慢慢地，我就滑得很像他了。但是，我觉得还是教别人滑让我进步最快。"

"怎么？你还当过别人的教练？"父亲惊讶地睁大了眼睛。

"谈不上什么教练。我滑得不错，就有些同学围上来请我教他们。有些动作我刚学会，做得还很不到位。可是那么多人围着我，我也不知道哪里来的劲头，一下子就做出来了。"儿子越说越兴奋，"他们的喝彩让我感到很有成就感，所以我就更喜欢去冰场了，因为在教室里我得不到这样的喝彩。"

父亲拍了拍儿子的肩膀说："嘿，儿子，你真的很了不起！其实你已经掌握了成功的基本要素。我从你的经验中总结了五个重要秘诀。"

"我还有秘诀？您说说，是哪五个秘诀？我怎么没想到过自己还有什么秘诀呢？"

父亲说："孩子，你从小就下定决心要成为冰球高手，这是你成功的第一秘诀，这叫做'立定目标'。要知道，无论做什么事情，我们都要有清晰的目标，因为目标是我们前进的最大动力。没有目标的人是盲目的，这样的人就像在漫无目的地游荡，走到哪儿是哪儿，所以一遇到困难就退却了。

"第二个秘诀是'付出时间'。要知道，时间是人一生最为宝贵的资源，一个人认为什么最重要，就会把时间倾注到什么事情上去。同样，要想成功，最基本的投入就是要付出时间，否则，我们是无法做成任何事情的。

"第三个秘诀是'不怕失败'。别的孩子害怕疼痛，所以一摔倒就放弃了，你却不一样，你锲而不舍。记住，所有成功的人，之前都经历过无数次失败，遇到失败就退缩的人成不了大事。

"第四个秘诀是'效法榜样'。你跟在滑冰高手的后面模仿他们，这是最聪明的学习方式。虚心向高手请教才能长进。他们的经验也是无数次失败换来的，所以跟他们学习可以帮助你少走很多弯路。所有的成功人士都是从模仿他人开始的。

"第五个秘诀是'影响他人'。当你学到一些东西的时候，加深印象和体会的最好方法就是去教授别人。这不仅仅是对自己的一种鞭策，更重要的是，当你能够将自己所领受的东西传授给别人的时候，才说明你真正掌握了所学到的。"

最后，父亲说："孩子，将这五个秘诀用到其他方面，一定也会取得成功。"

孩子听了父亲的话，茅塞顿开。后来，他将这五个秘诀运用到学业上，成绩果然大大提高了。

其实，要打造成功的婚姻，秘诀也是一样的。

立定目标

现代社会的离婚率之所以如此之高，就是因为人们不明白为什么要结婚。两个人都没有明确的目标，却稀里糊涂地走进婚姻殿堂，如同耶稣所说："瞎子岂能领瞎子，两个人不是都要掉在坑里吗？"（路6：39）换句话说，如果夫妻一起明确婚姻的目标，那么两个人都不会做瞎子；如果其中有一方知道婚姻的目标，起码有一个明白人，也不至于两个人都掉到坑里去。所以我希望夫妻们都来学习圣经中有关婚姻的原则，这样才不会迷失婚姻的方向。

所谓婚姻的目标，就是上帝创造婚姻的目的。了解了这个目的，我们更容易为自己的婚姻建立一个清晰的目标。所以，本书开头会讨论上帝对于婚姻的美好旨意，以及婚姻中的基本原则。

付出时间

如何分配并使用时间，能体现我们的价值观。你认为什么对你最重要，你就会将时间用在什么地方。当我们说自己太忙了、没有时间做某事时，我们其实是在说：我认为这件事不重要。因为每个人一天都有24小时，任何人都不多一分，也不少一秒。如果我认为某事重要，那么，就算再忙也会挤时间去做。

不怕失败

我们会逐渐认识到，改善夫妻婚姻关系的过程，实际上是个人品格打造的过程，也就是将活在血气中的"老我"钉死在十字架上的过程，是慢慢活出属基督的新生命并散发出基督馨香之气的过程。在这一过程中，你一定会经历无数次的失败。尤其是当你自以为有了很大进步的时候，你会忽然发现对方非但没有看到，反而提高了对你的要求。你会觉得夫妻关系比以前更脆弱。这些都是前进过程中必然出现的挫折，但是，只要你不放弃，靠着圣灵的力量忍耐到底，你的生命就一定会结出丰硕的果子。

> 所以，你们不可丢弃勇敢的心，存这样的心必得大赏赐。你们必须忍耐，使你们行完了上帝的旨意，就可以得着所应许的。"因为还有一点点时候，那要来的就来，并不迟延。只是义人必因信得生，他若退后，我心里就不喜欢他。"我们却不是退后入沉沦的那等人，乃是有信心以致灵魂得救的人。（来10：35-39）

在本书中，我会分享我和妻子在婚姻生活中曾经怎样失败和跌倒，也会见证我们跌倒后如何靠着上帝重新站起来。跌倒、站立、再跌倒、再站立，这一系列的操练让我们不断地认识耶稣基督无条件的爱。正是因为这份爱，婚姻中出现再大的难处也动摇不了我们彼此委身的心志。

效法榜样

　　人们可能没有意识到：在现实生活当中，其实每个人都在受到身边榜样潜移默化的影响。如今，许多人偏行己路，迷失在自我私欲的膨胀中。无论是在影视剧还是在现实生活中，婚姻都成了一些人满足私欲的工具，满足不了时便轻言放弃，离婚成了再普通不过的事情！难怪某些基督徒会说："那么多人都在闹离婚，我们离婚也没有什么不对；那么多人都在搞婚外情，我们有一两个异性知己也不是什么大不了的问题；那么多孩子都生活在单亲家庭中，我们的孩子缺少父亲或母亲的关爱也很正常。"

　　我们看不到榜样，就会随着世俗的潮流，玷污了婚姻。所以，我们应该从这个世界分别出来，在前进的路上以耶稣基督作为参照的标杆，并且多接触一些敬虔、属灵的夫妻，不断地修正我们的航向，始终行在正道上。有了正确的榜样，多向他们请教，一定会使我们受益匪浅。

影响他人

　　学习到建造婚姻的原则和方法之后，我们要积极地向周围其他的夫妻分享自己得到的祝福。"你们白白地得来，也要白白地舍去。"（太10：8）

　　我和妻子做婚姻辅导至今已12年，用一句话来总结这12年的经验就是：一路摸爬滚打，磕磕绊绊走过来。在这段时间里，我们有无数次的矛盾冲突，苦不堪言。之所以没有放弃，很大的一个原因是我们一直在给别人讲婚姻之道。一来，你给别人讲，自己就要照着做；二来，有的道理一开始自己并不是十分理解，但随着反复给别人传授，自己也逐渐清晰起来，而且更加确信。这样，在帮助别人的时候，我们自己却得到最大的祝福，成为最大的受益者。好比一条大河有多个支流，哪条支流的水流得快，大河里的水就会更多地注入这条支流；而那些流得慢的支流，不久就会淤塞。如果我们不断给予，就会得到更多供应。正如圣经所说，"施比受更为有福"（徒20：35），上帝愿意祝福那些多多给出去的人。

我们必须积极地去影响周围的人，包括我们的父母、儿女、亲戚、邻居、朋友、同事、上级、下属……总之，影响一切我们能接触到的人。最后，我们一定会明白，当我们传授这些理念的时候，最受益的是我们自己。我愿意鼓励并指导更多夫妻，希望他们得到造就，站出来带领更多处在困境中的夫妻，改善他们的婚姻关系，并为他们树立幸福、和谐婚姻的榜样。

第一章
婚姻的目的

有一个农夫教自己的儿子犁地，儿子的垄沟总不能像父亲的那样犁得笔直，于是儿子请教父亲："父亲，为什么我的垄沟不能犁得像你的一样直呢？"父亲指着田地尽头问儿子："孩子，你看见前面小山坡上的那棵松树了吗？"儿子说："看见了。"父亲说："那你就瞄准那棵松树犁下去，不要东张西望。"儿子听了父亲的话，瞄准远处那棵松树，努力犁下去，果然犁出了笔直的垄沟。

这个故事告诉我们一个简单的道理：无论做什么事情，你都必须有一个长远的目标。当你有一个长远的目标时，就会较少走弯路，而且会轻看脚下那些磕磕绊绊的草根树皮、砖头瓦块。你的犁头可能会被石头挡住或被树根绊住，但是，如果你瞄准远方的目标，决不放弃，你的垄沟就一定犁得非常直。

婚姻也必须有长远的目标。有目的就有意义，有意义就有力量，能够克服婚姻路途上的一切困难；没有目的就没有意义，没有意义就没有动力，难以面对婚姻路途上的困难。

那么，婚姻的目标应该是什么呢？要回答这个问题，首先必须了解当初上帝创造婚姻的目的是什么，因为这就是我们婚姻的目标。

> 上帝就照着自己的形象造人，乃是照着他的形象造男造女。（创1：27）

> 亚当的后代记在下面。当上帝造人的日子，

是照着自己的样式造的；并且造男造女。在他们
被造的日子，上帝赐福给他们，称他们为人。
（创5：1-2）

　　但从起初创造的时候，上帝造人是造男造
女。（可10：6）

由此可见，上帝当初造人的时候，只造了一男一女：男
的是亚当，女的是夏娃。造完这一男一女后，他就歇了一切
的工。圣经第一卷书《创世记》里，上帝设立了婚姻；而在
最后一卷书《启示录》中，耶稣基督迎娶地上的新娘、在新
天新地中完美和谐地生活，上帝以婚姻比喻来描述教会与基
督的关系。"婚姻"这个主题贯穿了整本圣经，婚姻在上帝
眼中的重要性由此可见。

上帝设立婚姻的四个目的

　　上帝就照着自己的形象造人，乃是照着他的
形象造男造女。上帝就赐福给他们，又对他们说：
"要生养众多，遍满地面，治理这地；也要管理海
里的鱼、空中的鸟，和地上各样行动的活物。"
（创1：27-28）

我们认真分析这段经文，从中可以发现，上帝创造婚姻
有4个主要目的：

1. 反映上帝的形象；

2. 生养敬虔的后代；

3. 治理这地；

4. 管理地上的活物。

第一个目的：反映上帝的形象

从来没有人亲眼见过上帝，但是圣经以各样华丽的言辞描述过上帝的荣耀形象：

> 在他们头以上的穹苍之上有宝座的形象，仿佛蓝宝石，在宝座形象以上有仿佛人的形状。我见从他腰以上有仿佛光耀的精金，周围都有火的形状；又见从他腰以下有仿佛火的形状，周围也有光辉。下雨的日子，云中虹的形状怎样，周围光辉的形状也是怎样。这就是耶和华荣耀的形象。我一看见就俯伏在地，又听见一位说话的声音。（结1:26-28）

既然上帝按照自己的形象创造了人，那么，人本来是能够反映上帝形象的。这形象包括上帝各样美善的属性，也包括上帝让我们与他一样享有正常的理性、意志和情感。但是，始祖亚当犯罪，罪便由一人进入世界，并污染了这个世界，使人类亏缺了上帝的荣耀。人从此与上帝隔绝，生活在罪恶之中，存邪僻的心，行不合理的事。上帝为了拯救我们，差派他的独生爱子耶稣基督来到世上，无瑕疵的"羔羊"为我们的罪被钉死在十字架上。

唯有耶稣能够完全反映上帝的形象，在他身上有着测不透的丰富与奥秘：

基督本是上帝的像。（林后4：4）

爱子是那不能看见之上帝的像。（西1：15）

他是上帝荣耀所发的光辉，是上帝本体的真像。（来1：3）

因此，他已将又宝贵、又极大的应许赐给我们，叫我们既脱离世上从情欲来的败坏，就得与上帝的性情有份。（彼后1：4）

耶稣流出宝血，洗净了我们的一切罪污，使我们靠着耶稣白白称义，拥有属神的新生命，得以反映出上帝的美好属性。凡接受耶稣基督为救主和生命之主的人，都可以靠着他重新活出上帝的形象。

然而，我们如何彰显上帝的形象呢？答案是：上帝的形象是通过关系彰显出来的。道成肉身的耶稣是上帝本体的真像，我们正是在耶稣与人交往的过程里，看到了他所反映的上帝的形象。如果我们将一个人放在空无一人的旷野里，即便他有许多好的品格，也无从彰显。他跟谁讲公义，又怜悯谁、爱谁、饶恕谁？

那么，在所有的关系中，哪一种最能彰显上帝的属性呢？毫无疑问，是婚姻关系。婚姻关系可以完美彰显上帝那爱的本质。在创世之初，他没有创造父子、母女关系，没有创造兄弟、姐妹关系，而是在完成宇宙万物的创造之后设立了婚姻，而且，此后他就歇了一切的工，安息了。这告诉我们，所有其他的人际关系都是从婚姻关系的基础上衍生发展而来的。婚姻关系是一切人际关系的基础，其重要性仅次于人与上帝的关系。

所以，我们说上帝创造婚姻的第一个目的，就是让夫妻二人在婚姻中共同反映上帝荣美的形象，即爱的形象。"上帝就是爱"（约壹4：8），基督在我们还做罪人的时候为我们死，彰显了他自己的爱。而在婚姻关系中，爱也是最为重要的特点。

如果你问一对已经结婚的男女"你为什么要娶她"、"你为什么嫁给他"，他们都会这样回答："因为我爱她（他）！"如果问离婚的人为什么离婚，他们也会告诉你："因为我们不再相爱了。"

所以，婚姻中什么都可以没有，唯一不能没有的是爱，婚姻与爱是不可分的。爱就是婚姻的最大特点，也是婚姻关系中一定要体现出来的内容。

> 亲爱的弟兄啊，我们应当彼此相爱，因为爱是从上帝来的。凡有爱心的都是由上帝而生，并且认识上帝。没有爱心的，就不认识上帝，因为上帝就是爱。（约壹4：7-8）

> 从来没有人见过上帝。我们若彼此相爱，上帝就住在我们里面，爱他的心在我们里面得以完全了。（约壹4：12）

只要我们"彼此相爱"，世人就会看到"上帝住在我们里面"。而婚姻正是让我们彰显爱的舞台。当夫妻彼此相爱的时候，上帝就住在婚姻的里面，我们的婚姻不就可以反映上帝的形象了吗？

但是，问题在于，几乎所有的人都讲爱，到底什么是爱呢？千百年来，人们一直对这个话题津津乐道，试图用各种方式来演绎它。有一位哲人曾经说过："如果说，只有基于爱情的婚姻才是道德的，那么，也只有爱情继续的婚姻才是道德的。"还有某名人说："一个没有爱情的婚姻与终身卖淫没有什么两样。"然而，他们始终没有明确爱情这一概念的真正含义。

在世人看来，爱情就是一种美好的感受。著名歌星费翔当年唱过一首歌，风靡神州——"你就像那冬天里的一把火"。这首歌恰恰道出了人们对爱情肤浅的理解。如果仅仅将"爱"理解成一种对异性所产生的美好感受，那么爱就是这样：当我与你在一起时，你能够点燃我激情的火焰，激起我的欲望，令我心旷神怡，让我感到与你难舍难分；你给我美好的感受，没有这感受我会心神不定、坐卧不安，其他的事物对我一点吸引力都没有；所以，我不惜任何代价也一定要抓住这种感受，而这感受是与你连在一起的——我爱你，我要和你结婚！

因此，当你的表现不能够给予我这种美好感受时，自然"爱"就没有了。当"爱"不再存在，对不起，我们就应该分道扬镳了。

由于这种爱的基础，建立在这种美好的"感受"上，这感受的出现与消失、增强与减弱便都由对方的表现决定，不能被我自己的意志控制。这种感受来时汹涌澎湃、难以克制，但来得越热烈，过去得也越快。这种"爱"的核心在于满足我的需要，而不是满足对方的需要——关键在于你能不能给我带来愉悦的感觉，而不在于我能否给你带来愉悦的感觉。所以，它是一种反应性的情绪。

基于这样的爱情理念，什么样的人才能够让我们持久地

"爱"下去呢？下面我用一首打油诗来为人们心目中的爱人做个素描：

> 英俊漂亮，青春永葆；家里家外，样样得了；
> 挣钱很多，消费很少；聪明伶俐，言语乖巧；
> 温柔体贴，不急不恼；招之即来，挥之即跑；
> 无亲无故，没有二老；敬我父母，孩子管好；
> 忠诚可靠，不沾花草；唯命是从，可丁可卯；
> 身强力壮，从不病倒；如此配偶，天下难找。

那么，到底什么是"真爱"呢？圣经给我们做出了最好的解释："爱是恒久忍耐，又有恩慈；爱是不嫉妒，爱是不自夸，不张狂，不做害羞的事，不求自己的益处，不轻易发怒，不计算人的恶，不喜欢不义，只喜欢真理；凡事包容，凡事相信，凡事盼望，凡事忍耐。爱是永不止息。"（林前13：4-8）

世人很难将爱与忍耐联系在一起，上帝却用"忍耐"一头一尾地将"爱"的定义圈了起来。忍耐就是接纳对方的缺点、不足，甚至是对方对自己的伤害。而忍耐只不过是爱的最基础阶段，在这基础之上我们还要给对方恩慈。恩慈就是善待一个根本不配的人，当一个人的所作所为不值得你好好对待他的时候，你依然善待他，这就是从上帝而来的爱。

结了婚的人都会有这样的感受：夫妻之间，"接纳"是最难的功课。为什么？因为夫妻关系是最近的关系，关系越近人越容易受伤害，越容易感到委屈。这就好比，我们与一般人的关系像是穿着皮袄接触，即便中间有根树枝都感受不到什么；然而，夫妻是肌肤之亲的关系，哪怕中间有一根小刺都痛得受不了。同样的一件事、一句话，若是别人做、别人说，你不觉得什么；若是出自自己的配偶，你就会想："你怎么能这样对待我！"

在这样的关系中，夫妻必须学会相互委身，就如同耶稣对父神完全委身、顺服一样。别的关系我们可以与人分享（比如，可以把自己的朋友介绍给别人，让他们也成为朋友），但是，夫妻关系不可以与人分享，我们只能彼此委身。

所以，在我们的婚姻生活中，尽管存在着许多令人不满意的方面，甚至有许多伤害，但是，如果我们能够彼此包容、忍耐、原谅，彼此担当对方的软弱，无条件地接纳对方，牺牲自己的利益去取悦对方，我们就彰显了基督的爱，周围的人也会从我们的婚姻中看到基督的爱。看到基督的爱，也就是看到了上帝的形象。这就是上帝设立婚姻的第一个目的：让婚姻反映上帝那爱的形象。

第二个目的：生养敬虔的后代

> 亚当生塞特之后，又在世八百年，并且生儿养女……塞特生以挪士之后，又活了八百零七年，并且生儿养女。塞特共活了九百一十二岁就死了……以挪士生该南之后，又活了八百一十五年，并且生儿养女……该南生玛勒列之后，又活了八百四十年，并且生儿养女……玛勒列生雅列之后，又活了八百三十年，并且生儿养女……雅列生以诺之后，又活了八百年，并且生儿养女……以诺生玛土撒拉之后，与上帝同行三百年，并且生儿养女……玛土撒拉生拉麦之后，又活了七百八十二年，并且生儿养女。（创5：4-26）

《创世记》的这段经文中反复出现了"生儿养女"这四个字，上帝对这些人类始祖一生的记录没有别的，就是生儿养女，可见这在上帝眼中是何等重要！"要生养众多，遍满地面"，上帝设立婚姻的第二个目的，是要我们为上帝来生养敬虔的后代。结婚之后，下一件最天经地义的事情该是什么？是生养孩子！不论到哪里参加婚礼，你都会听到人们这样问新郎、新娘或他们的父母："什么时候抱娃娃呀？"

但是，现在有越来越多的年轻人进入了"丁克"家庭。"丁克"（DINK）是英语"Double Income No Kid"的缩写，意思是说夫妻双方都有工作和收入，却不要孩子。为什么不要孩子？因为怕麻烦、加大经济负担、影响事业发展、占用两个人自由的时间和空间，甚至担心万一离婚后孩子会成为累赘，等等。总之，人生苦短，两个人要有时间尽情享受人生的快乐。将孩子看成是负担，而非上帝的祝福，这是一种错误观念，丁克家庭的出现就是这种观念造成的。

圣经中多次强调，夫妻二人养育的后代是上帝的产业，是上帝赐下的美好祝福，更是"二人成为一体"的具体体现。在生养孩子的过程中，虽然有许多的苦难和操劳，但上帝其实是要通过儿女给夫妻更多的喜乐，这喜乐也是任何东西都无法替代的。已婚男女不能出于自私的目的而拒绝上帝的祝福。

我儿子小的时候，我和妻子到国外去工作，儿子留在奶奶家。我们认为那是为了给儿子一个美好的未来而做出的牺牲。后来由于想念儿子，我就托空姐将儿子带去和我们度暑假。在那之前我每天做梦都思念他。我想，等见到他，我就扑过去，紧紧抱住他，先跟他亲够了再说。可是，等我冲过去要抱他的时候，10岁的儿子却躲闪我，因为在他眼中我已经成了陌生人。我问他想不想爸爸，他毫不犹豫地说"不想"。我当时心里好不辛酸。那时我已经认识了基督，所以我祷告求问主："为什么会这样？"圣灵启示我说："你得到了你一直想得到的一些东西，然而为此失去了我要赐给你的更加宝贵的东西。"

从那时起，我才明白什么对我是更重要的。做妻子的丈夫、儿子的父亲和父母的儿子，这都是上帝赋予我的天职。努力去履行这些天职带给我的责任，才是我真正的价值所在。那个暑假，我和妻子每天都尽可能多地和儿子沟通，跟他一起玩耍，为他祷告。一个月很快就过去了，在送他回国的路上，他恋恋不舍，不愿离开。后来，我母亲打电话来说，他每天晚上都说想爸爸妈妈。我听了心里有一种特别的价值感，一个孩子在朝思暮想地盼望着我，我对于他是多么的重要！

那之后，我们很快就决定回国和孩子在一起。现在我的儿子是一个满有上帝恩典的青年人。每当我们看到他健康地成长，就感到过去在他身上所有的付出、所有的辛苦劳累都非常值得。他常常带给我们好消息，使我们工作、生活中的压力瞬时荡然无存，内心充满对上帝由衷的感恩之情。我发自内心地认同：儿子是上帝给我们夫妻最重要的产业，也是我们在世得到的最大祝福。千万不要弃绝上帝的祝福！

上帝要我们不仅"生"，而且"养"。如果我们只是生孩子，却没有亲自养育，我们与孩子之间就不可能建立起亲密关系，孩子也不会成为敬虔、正直的人。目前，在我们国家，只生不养的问题极其普遍。许多年轻父母将自己个人的成功看得比教养孩子更重要，撒手把孩子交给爷爷、奶奶、保姆或者幼儿园的阿姨、老师去养育，这与拒绝生育孩子同样不讨上帝喜悦。

60年代，我作为知青支援边疆，在黑龙江生活了两年，后来回北京探亲，家里人都说我成了东北人，口音、做派都像，我却一点都没有觉察。环境对人的影响就是这么厉害。孩子年龄越小，模仿力就越强；他跟谁在一起的时间多，模仿谁就多。你希望自己的孩子接触父母多一些，还是接触祖父母多一些呢？

父爱和母爱对于一个孩子的成长都是不可或缺的。孩子就好像花朵，父母是上帝祝福孩子的最重要的管道。对孩子来说，来自于父亲的充满男性阳刚之气的关爱，和来自母亲的充满女性阴柔之美的关爱，就像阳光和雨露之于花朵一样，缺一不可。没有阳光，花朵就不会茁壮成长；没有雨露，花朵也会失去娇艳。所以，在单亲家庭成长起来的孩子会有许多内在的需求得不到满足，这会给孩子性情的发展带来缺陷。父母一方的缺席都会给孩子的成长带来损失，如果父母都不管孩子，岂不更糟。

一个农夫不理会自己田里的禾苗，天天忙别的事情，反过来却指责禾苗说："你们都是怎么搞的？为什么不如其他田里的禾苗长得那么好、那么快？"说完又用脚去踩禾苗发泄怒气。你一定觉得这个农夫很可笑，哪里会有这样的农夫？然而，社会上有许多父母就像这位农夫一样，不担当孩子的养育责任，却在孩子有麻烦的时候对他们横加指责，甚至拳脚相加。

亲自养育孩子，让我们更深地体会上帝的感情。当初，亚伯拉罕百岁高龄才得到独生子以撒。上帝为什么不在以撒刚刚出生的时候要求他将这孩子献上，而是要等到他长成少年，才让亚伯拉罕献出来呢？因为童子是最惹人爱的，而且上帝知道，亚伯拉罕在养育以撒的这些年间会不断付出心血和时间，父子之间的感情会越来越深。一方面，在这个时间的试验可以更好地说明亚伯拉罕的信心和顺服；另一方面，也是更重要的，上帝要亚伯拉罕在最疼爱以撒的时候，切身体会一下，将来上帝要将自己的独生子耶稣献上时那种撕心裂肺的痛苦。

有一次，我的儿子发烧不退，我看到他难受的样子，心里祷告："上帝，求你快让我的儿子好起来吧！如果一定要受这个罪，就求你能让我来代替他。"

正在这时候，上帝忽然感动我："儿子发烧你都如此的痛苦，要是将他献出去，你会怎么样呢？"

听了这话我不禁打了一个冷战："别！主啊，千万别！"

"我不就是为了爱你们，而将我的独生子基督耶稣奉献出来了吗？我不会夺走你的儿子，我只希望你能亲身体会一下，看着罪恶的人们折磨耶稣时，我的感受如何。"

当时我便热泪盈眶。我发现自己有时候会思考基督在十字架上所忍受的是什么样的痛苦，却很少想到过天父当时的感受。就是在儿子这次病痛期间，我才真正体会到上帝为我们做了多么伟大的事，并从心里由衷地产生感激之情。我想："主啊，我感谢你！没有你的儿子基督耶稣在十字架上所受的痛苦，我们就不会得到救恩。没有我儿子这次的病痛，我也无法真正领悟到救恩的高昂代价。"

如果你没有孩子，没有通过精心养育他们而与他们建立起亲密的关系，你就很难切身体会到上帝的情感。不论你的工作多忙，要亲手将孩子抚养成人。否则，你将错失人生道路上这份宝贵的经历和极其重要的一课。

第三个目的：治理这地

上帝让我们结婚成家，并在这块土地上繁衍生存，他也设定了我们同周围环境的关系：我们要"治理这地"。这是指着人与自然界的关系说的。"天，是耶和华的天；地，他却给了世人。"（诗115：16）上帝创造了我们赖以生存的大自然，在与自然界共处的过程中，人要保护大自然的和谐与美好。

上帝创造的奇妙真是令人赞叹不已。当你真正置身大自然当中时，你会很容易感受到上帝的伟大。1969年秋天，我在黑龙江生产建设兵团工作。一次，我们一群十六七岁的青年在五大连池沿岸的森林里砍柴。砍完柴，坐着拖拉机返回营地的途中，黄昏降临，环顾四周，一幅绚丽多彩的图画映入眼帘：一眼望不到边的桦树林，上面是金黄色的叶子，下面是雪白的树干，将要落山的夕阳发出火红的光芒，连池中碧波荡漾，倒映着火红的晚霞和雪白的桦树林。我们这群在城市中长大的年轻人都被大自然的这份美丽所震撼，从心底发出一声又一声的赞叹。一位同学竟然情不自禁向着远方大声高喊："造物主啊，你太伟大了！"话音未落，我们这些经过十多年无神论熏陶的青年人竟然都热泪盈眶。

我相信那位同学的感叹是发自内心的，因为圣经说：

"自从造天地以来，上帝的永能和神性是明明可知的，虽是眼不能见，但藉着所造之物就可以晓得，叫人无可推诿。"（罗1：20）我建议你每年都拿出时间，去领略一下大自然的魅力、感受造物主的伟大，这对我们认识并接近上帝是大有好处的。

上帝的创造的确十分完美。他爱我们，所以要我们生活在这个世界上，尽情地享受他所赐给我们的大自然的美丽。同时，他也通过大自然为我们提供丰富的食物。他要我们按照他所设定的自然规律来精心地治理这地，不断通过对他所设定的自然规律的认识来加深对他的了解。

可是，我们人类是如何"治理"这地的呢？为了人类更多的需求，大量的森林被砍伐，绿色植被被破坏，随意排放废弃物造成海洋湖泊的污染，任意排放化学气体造成臭氧层的破坏，自然灾害越来越频繁，各种疾病越来越多，人类生存的空间环境越来越恶劣。大自然向我们敲响了警钟，如何好好治理自然界？人类必须反思。

第四个目的：管理地上的活物

上帝不仅叫人"治理"自然界，还要人"管理"地上、空中、水里的一切活物。当然，随着人类的不断繁衍，管理的重点也从动物转移到人类自身，包括人类一切的社会活动。

其实现代学校教育主要也是按照这两个任务目标来划分的：一种是以"治理"为主要目的的自然科学，我们称之为"理工科"，譬如科学实验、地质勘探、创造发明等；另一种是以"管理"为主要目的的社会科学，我们称之为"文科"，譬如社会学、管理学和其他艺术学科。

比起治理没有自由意志、不能自主活动的自然界来说，管理那些有自由意志也可以自主活动的"活物"就要复杂得多、困难得多了。管理，就是要使受管理的"活物"能按照一定的规矩和秩序有条不紊地生活。也就是说"凡事都要规规矩矩地按着次序行"（林前14：40）。可是我们人类又是如何管理动物和人类社会的呢？我们看到的是，不但自然生态受到破坏、濒临灭绝的生物越来越多，而且人类世界也是问题多多、矛盾重重。

圣经实际上在教我们如何处理三大关系：人与上帝的关系、人与人的关系以及人与自然的关系。上帝创造亚当的时候，除了上帝之外只有亚当一个人，亚当与上帝的关系是唯一的关系，所以，人与上帝的关系是我们的第一关系。接着，上帝看到亚当"独居不好"，又为亚当造了夏娃，于是产生了"夫妻关系"。所以，夫妻关系是仅次于人与上帝的关系的第二关系。而第三个关系就是人与自然的关系。

在我们一生当中，摆正优先次序是最为重要的事情。如果你没有与上帝建立关系，没有认识主基督耶稣，没有圣灵的内住，没有得救的印记，那么其他关系的和谐就无从谈起。中国有个成语叫"纲举目张"，意思是说，在晾晒渔网的时候，只要将渔网的纲绳举起来，那么所有的网眼就会一下打开，就不会乱套。人与上帝的关系好比渔网的纲绳，这个"纲"没有拉起来，"目"就打不开，渔网就会越理越乱。第一关系搞不好，作为第二关系的"夫妻关系"就肯定搞不好，儿女的成长也会受影响；而在第一关系和第二关系都混乱的情况下，人和自然的关系也好不到哪里去。

有人不禁会问：我们可以理解婚姻的目的是反映上帝的形象、为上帝生养敬虔的后代，但是，"治理"、"管理"与婚姻家庭有什么关系呢？

首先，婚姻家庭是治理、管理最基本的单位。我们都知道，每个家庭都是以婚姻关系为核心的。这个核心关系被破坏的时候，虽然房子还在、家里的设施依旧，但家庭已失去了凝聚力和家庭的气氛。无论是"治理"自然界还是"管理"社会，在这个过程中，人们都应该以家庭为最基本的单位来进行"治理"和"管理"。也就是说，每个人都应该从属于某个家庭。未成年时，你生活在以你父母的婚姻为核心的家庭当中；长到一定的年龄，你要结婚建立起以自己的婚姻为核心的一个新的家庭。总之，每个人都一定是某个家庭中的一员，不是某某人的父母，就是某某人的儿女，不是某某人的丈夫或者妻子，就是某某人的兄弟或姐妹。

其次，婚姻和家庭也必然是人们积极参与治理和管理的最原始、最基本的动力来源。人们之所以努力去学习治理自然、管理社会，目的在于为自己和家庭创造理想的生活环境。青少年时期是人们参与"治理"和"管理"工作的准备阶段，而真正投入"治理"和"管理"的工作，并在其中发挥巨大的能量和作用，往往是从一个人成家后（也就是婚后）才开始的，正所谓先成家、后立业。

譬如，我小时候上学，老师会鼓励学生为了天下三分之二的受苦人学习，可是私下里却鼓励那些不爱学习的学生说："你就是不为党、为人民学习，你长大后不娶媳妇成家吗？你难道不要为养家糊口而学习？"学习的原始动力和婚姻家庭有关，这样的劝说一般比较奏效。稍微长大些，青春期情感萌动的时候，我们会下意识或有意识地为了找到比较理想的佳偶而不断提高自身的竞争力，喜欢在异性面前显示自己的能力。这个动力其实是来自成家立业的愿望。结婚后，我们会为了建立自己的家而努力工作；而后，我们又会为了自己的后代有个稳定的生活环境而奔忙不息。

又如，婚姻家庭状况是许多国家选择管理人员时，最为重要的条件之一。一个没有成家或者家庭破裂的人，很难被人们推举成为总统或国会议员，甚至很难被接纳成为一个团队的领导。常言说"一人吃饱全家不饿"，就是指单身生活不需要承担任何的责任，久而久之，这个人就很容易失去责任感。整个世界乱成一锅粥、翻个底儿朝天跟他有什么关系？只有结婚成家后，他才会开始学着为妻子、儿女、父母考虑，承担起家庭的责任，这样的责任感让男人逐渐变得成熟。

1972年尼克松总统访华，在欢迎宴会上的讲演中，他说："当我们两个大国的领导人在这里谈论未来世界和平问题的时候，我就想到了我在座的大女儿。"当时他是携夫人和大女儿一起来的。我当时很年轻，看到这条新闻时，心里嘀咕："这么重要的国事访问，为什么假公济私带全家来？而且在如此郑重的场合提他自己家里的事情，这是什么总统？真是公私不分。"过了许多年，我才明白，尼克松是在向全世界表明，他不仅仅是国家总统，也是一位有着家庭责任感的父亲，而后者对他来说甚至是更重要的。因此，他一定要不遗余力地为自己儿女营造一个安全的生活环境，这是尼克松在向中国人民暗示自己为和平而努力的真心。

第三，婚姻和家庭对治理与管理的事业有着最直接的影响。在治理和管理的过程中，我们一旦在婚姻方面发生了问题，家庭失和，最为直接的结果就是，我们在治理和管理方面的效率会大大降低，甚至连一点小事都做不了。婚姻和家庭是影响我们的职场效率和生活质量的最直接因素。和谐的婚姻家庭是社会稳定的重要因素，而大量家庭的解体势必会给社会带来动荡和不安。

家庭与社会之关系的重要性，我在还没成家的时候就感受到了。

我在黑龙江兵团当农垦战士时，男女生是分开编制的。我们是采石工，抢大锤的活最累，工作时大家都互相推诿，总听见"该你了"、"该他了"的声音。一旦女生排也来工地干活儿，你会发现气氛一下就变了。男生们开始抢大锤，而且一抢就停不下来，"行了行了，该我了"、"我还没抢几下呢"的争抢声不绝于耳。领导都清楚，男生排和女生排一起工作时，产量就会直线上升。常言道："男女搭配，干活不累。"

有一次，我们几个知青和当地人一起去几百里以外拉煤，在卡车的斗里坐了几个小时，我们都颠得快散架子了。那时的路都是沙石路，质量很差。我们时不时地看到路边堆放的沙子，当地人告诉我们是护路工人随时填坑垫路用的。当时那里冰天雪地、人烟稀少，走几十里路才看到路边有护路工人住的小土房，当地人叫它"道班"。听当地人说，以前的路况要比现在更糟糕，护路工人一般都是些被称为"二劳改"的人。也就是说，他们都是刑满释放的劳改犯，为了不给城市造成麻烦，都留在当地就业、生活。那时候一个道班通常由好几个这样的人组成，由过往的车辆定期给他们捎来一些生活用品。平时他们的任务就是沿路察看路况，每天的生活单调乏味，因此工作的积极性和质量都很差，而且不时有人逃跑回内地。后来当地的管理部门改变了策略，他们给这些人保媒说媳妇，并且一个道班就是一个家。

从那以后情况就有了改观：开始没有人逃跑了；两个月后你再经过这里，发现过去破旧的房子已经被修葺一新；又过两个月，房子周围圈起了篱笆；再过两个月，小屋前后都开垦了菜园子；来年你若再来看，狗叫、鸡鸣、猪跑，生机盎然；没有几年，小娃娃都在院子里跑了。不仅如此，在人手配备比以前少的情况下，护路的质量还有了很大提高。

一加一不但等于二，而且会大于二，甚至大于三、大于四，你说，"治理这地"和婚姻家庭有没有关系？

婚姻家庭同管理的关系就更大了。

十多年前，我曾经在一个企业管理培训公司工作过几年，给一些企业的管理人员做商务培训，培训的目的是帮助这些企业提高管理人员的工作效率。后来我们发现，真正影响他们工作表现的最大因素不是工资、奖金和职位高低，而是他们的婚姻、家庭和子女教育的问题。不论你让他们学会多少管理技术，给他们发多少奖金，一旦后院起火，你让他们怎么安心工作？在教会侍奉的工人也是一样，若夫妻之间争斗不和，子女悖逆堕落，他怎么能够在教会侍奉？怎么为主做美好的见证？

以上我们分析了上帝创造婚姻的四个目的。除此之外，我们还要谈到，上帝造男造女也有不同的目的，在婚姻中，他也分别赋予男人和女人不同的责任。

上帝造男人的目的

上帝做任何事情，都有他特定的目的。在上一节中，我们已经了解到上帝造婚姻的目的。婚姻关系是由男人和女人共同组成的，而他造男人和女人又有不同的目的。

第一，上帝造男女的次序不同，首先造的是男人，其次才是女人。第二，上帝造男人与女人所用的材料不同，男人与女人有本质的区别。

有人认为，无论男人女人，反正都是人。但是，上帝如果要造同样的人，就要用相同的材料。而实际上，上帝用泥土造了亚当，却没有用泥土造夏娃，而是取了亚当的肋骨来造了女人。亚当失去了肋骨肯定觉得空虚，没有了肋骨他软塌塌的也不像一个真正的男人。上帝没有用肋骨造亚当的哥哥、姐姐、弟弟、妹妹，也没有造亚当的儿女，而是造了一个妻子。可见，真正填充、支撑男人的不是他的哥哥、姐姐、弟弟、妹妹、儿子、女儿，而是他的妻子。每一个成功的男人背后都有一个女人在支撑他。

上帝用亚当的肋骨造女人，寓意是：女人来自男人、属于男人，是男人的一部分，这一部分最终要回到男人那里去，所以女人天生会有这种归属感。而女人回到她的男人身边，会让男人产生无比巨大的动力。正所谓：男女不同、各从其类；男女有序、各归本位。

接下来，我们要从圣经中了解上帝最初造男人的目的，这样，我们就能了解男人的责任，了解男人所应该追求的最高目标。

耶和华上帝将那人安置在伊甸园，使他修理看守。（创2：15）

经文中的"那人"，我们知道指的是亚当，因为那时夏娃还没有被造出来。所以这节经文向我们揭示的，是上帝造男人的目的。

修理看守

上帝造男人的目的是什么？这里说得很清楚："修理"和"看守"。修理、看守什么？上帝所创造的地上的一切。"天，是耶和华的天；地，他却给了世人。"（诗115：16）这就是男人肩负的使命，而使命，就是从上而来的托付，是必须完成的工作。

在《创世记》中，上帝亲自工作，创造了宇宙万物和人。男人要反映上帝的形象，就要像上帝那样，运用上帝赐给他的智慧和力量去建造、劳动、工作。这是上帝造男人的主要目的。

"修理"的意思是，如果发现有问题，就要全力去解决问题，并使一切恢复正常运转。"看守"就是监护并保卫。如果家园受到侵犯，男人一定要第一个起来征战，奋起保卫家园。

在家庭中，上帝赋予男人某些优势，如四肢发达、肌肉强壮、身高力大、任务导向的工作风格、逻辑推理的思维方式，这是为了让男人承担"修理看守"的职责。我注意到：男人的肩膀要比女人的宽厚而平直，原来就是专门为承担重担而造的；女人的肩膀圆溜下滑，这是在告诉明智的男人，上帝造她不是为让她承担重担。所以，家里的粗活、脏活、重活，理当由男人来干。

我还不明白这个道理的时候，一干活就和老婆讨价还价，稍微多做一点就觉得自己吃亏了。若做了老婆做不了的力气活，就总挂在嘴边，提醒她别忽略我的功绩。20年前，家里还用煤气罐的时候，我下班回来，妻子若说煤气没了，我知道她没力气，换不了，所以一定是二话不说脱掉西装，换上一件旧衣服，把煤气罐扛下楼。换了新罐，又扛着爬上5楼，安好后又拿抹布清理灰尘，试一试可以燃气做饭了，我就告诉她"做饭吧"，然后开始做自己的事情。看着她挥汗如雨地做饭，我一点不觉得有什么不对头的地方。而且我自认为是个负责的好丈夫，因为我已经做了应该做的：这个煤气罐我若不换，她就是拼了命也弄不上来，所以我做的已经大大超出她的工作量，其他事少做一点也心安理得。现在我才醒悟，那真是很不"男人"的举动。

明白了这个道理之后，我的心态就变了。我知道上帝给我们男人强壮的身体就是为了让我们比妻子多承担体力活。因此，即便我在外面工作很忙，回到家里也能心安理得地担当起繁杂的家务事。现在，家里的粗活、重活，我都当仁不让地承担下来。

在北京的建筑工地上，我常常看到一些女民工挥汗如雨，和男人一起上下忙活。让女人在外面拼体力赚钱养家，这真是男人的羞耻，女人本不是为承担这些重活、粗活而被造的，因为她们比男人软弱。她们被造的特质，让她们为家里增添柔和慈爱的氛围，这是一个健康的家不能缺少的。而男人在这方面是有劲也使不上。

　　如果一个民族或国家中的男人没有这种"修理"、"看守"的意识，在家庭、团队、国家遇到困难和挑战的时候，不敢面对甚至是逃避自己的责任，一味退缩，由女人们去承担这些重任，这实际是背离上帝带来的咒诅。圣经中，上帝借先知那鸿的口，警告尼尼微城的民，当他们背离上帝的时候，就会受到这样的诅咒，并受到公义的审判。"你一切保障，必像无花果树上初熟的无花果，若一摇撼，就落在想吃之人的口中。你地上的人民，如同妇女；你国中的关口向仇敌敞开；你的门闩被火焚烧。"（鸿3：12—13）这里的"人民"指的是男人。如果男人都像女人似的，那么国家就像城门没有门闩一样，敌人就可以肆意地进攻这个国家，并轻易地攻取。

　　旧约中的士师除了底波拉以外，其余的都是男人，为什么会有女人做士师呢？当那个世代没有男人可用的时候，上帝也会使用女人。上帝呼召底波拉做以色列的士师，她做事的风格与其他的士师完全不同，其他的士师有从耶和华而来的能力，亲临战场带领以色列人冲锋陷阵打败敌人，给以色列人带来和平。而底波拉从耶和华上帝那里领受吩咐后，便将上帝的心意告诉一个名叫巴拉的男人，对他说："耶和华以色列的上帝吩咐你说：'你率领一万拿弗他利和西布伦人上他泊山去，我必使耶宾的将军西西拉率领他的车辆和全军往基顺河，到你那里去，我必将他交在你手中。'"（士4：6-7）

　　怎么看出以色列国中已经没有男人可使用呢？从巴拉的回答中我们就可以看出来。底波拉大概认为巴拉是当时最

"男人"的人，所以才选择他去领军作战，而他却说："你若同我去，我就去；你若不同我去，我就不去。"（士4：8）这个最男人的男人，居然要求一个女人陪同他一起上战场。底波拉说："我必与你同去，只是你在所行的路上得不着荣耀，因为耶和华要将西西拉交在一个妇人手里。"（士4：9）大家知道擒贼先擒王，本来上帝会把敌人的将军西西拉交到巴拉的手里，在战场俘获敌军的首领是一个男人无比荣耀的事情，可是因为巴拉的胆怯，荣耀却归于一个手无缚鸡之力的妇人雅亿。

雅亿杀西西拉的方法很特别。西西拉逃跑的时候慌不择路，到了雅亿的帐篷旁边。当时女人的帐篷不允许外人进去，但雅亿邀请西西拉到自己的帐篷里，而且还特别款待他，帮助他躲过追兵，取得了西西拉的信任。雅亿本可以在西西拉睡着的时候用刀或者石头杀死他，其实那样更方便。如果是男人的话，也一定会采取这样的方式。雅亿却没有这么做，而是把橛子从西西拉的鬓角钉过去，直接把他钉死在地上。这一看就知道是只有女人才会想出来的杀人方式，巴拉即使想把功劳归到自己的头上也是无能为力。当巴拉追赶西西拉的时候，雅亿说："来吧，我将你所寻找的人给你看。"（士4：22）让男人欣赏女人的成果，这对男人来讲是很羞辱的事情。

在现在很多地方，没有弟兄来带领教会，上帝也会兴起姊妹来带领。但是，姊妹如果比弟兄先领受上帝的心意，她们就不会亲自带领教会前行，而是将上帝的心意告诉弟兄，并鼓励男人走在前面。如果弟兄不去争战，那么本来归给男人的荣耀就归给了女人，如同巴拉一样，这是对男人的羞辱。

男人的误区

我十年前在韩国买的一架摄像机坏了，没有地方修理。后来好不容易找到了那个品牌在北京的一个专修店，当我送去修理时，那里的接待员说："这机器太过时了，这年月还有谁要修理东西，买个新的算了。"你看，现代人都有这样的心态，不要修理，有了问题就换个新的。到如今，连婚姻都受到这样的影响。有人的婚姻关系中有了问题需要解决的时候，你会听到周围的人都像那个接待员一样劝告说："别麻烦了，不行就离，换个新的不就行了吗？好男人（女人）多得是，我给你介绍一个。"

婚姻不是机器，你不能根据自己的感觉和喜好来决定是否要花费精力去修复；婚姻是上帝给人类最美好的祝福，是我们人一生中最重要的事业，所以也是最需要也最值得认真去经营的事业。

亚当当时拥有对一切事物的主权，然而上帝说他"不好"。为什么"不好"？因为他没有"关系"。没有"关系"就孤独寂寞，所拥有的一切也就没有了意义。上帝是在告诉我们"关系"最重要。"关系"有了问题，就要尽力去修理，并且要看守好，别让这关系再受到破坏。撒旦却欺骗我们说，这"关系"和其他的事物一样，用旧了就换。

我们要特别小心，商品社会将一切都物化了，这是撒旦的工作。在这种影响下，越来越多的人，甚至许多基督徒都将婚姻"物化"了。人们像对待我的摄像机一样对待人类最美好的婚姻关系，让婚姻为自己服务，从中得到最大的利益；若出了故障，也不用自找麻烦，再换个新的就行了，而且会比以前那个旧的更令你满意。

这种状况目前在两性关系上最为明显。"性"本来是上帝为婚姻而造的，是不能脱离婚姻而存在的。性在婚姻里是最美好的、最圣洁的事情，出了婚姻就是最肮脏的、最丑陋的、最污秽的事情。所以圣经上说："你要喝自己池中的水，饮自己井里的活水。你的泉源岂可涨溢在外？你的河水岂可流在街上？唯独归你一人，不可与外人同用。要使你的泉源蒙福，要喜悦你幼年所娶的妻。她如可爱的麀鹿，可喜的母鹿。愿她的胸怀使你时时知足，她的爱情使你常常恋慕。我儿，你为何恋慕淫妇？为何抱外女的胸怀？因为人所行的道都在耶和华眼前，他也修平人一切的路。恶人必被自己的罪孽捉住，他必被自己的罪恶如绳索缠绕。他因不受训诲，就必死亡，又因愚昧过甚，必走差了路。"（箴5：15-23）

婚姻中的"性"是上帝为丈夫妻子彼此取悦而创造的，也是最有益于婚姻和谐的事情。性和婚姻是不可分开的。婚姻之中的男女之间出现摩擦、矛盾和伤害的时候，上帝要我们按照他的原则去精心修复关系。而且他要我们通过这样的"修理"、"看守"的过程来打造我们的品格，并以此来获得更多祝福，夫妻关系也会不断升华而更加甜美。如果你认同性只属于婚姻的原则，你就会有动力，在婚姻出现问题的时候去"修理"并"看守"这份关系，以使你们的关系恢复和谐。然而，撒旦告诉你：婚姻是婚姻，性是性。它不断地用世界的浮华来刺激我们眼目的情欲，以此诱惑我们离开上帝的真道，放弃婚姻中的承诺，去满足自己的欲望；逃避家庭中的责任，去追求个人的享受。现在的丈夫缺乏责任感，所以我们要强调，无论妻子生老病死，责任全在丈夫。有这样的信念，丈夫才能去遮盖妻子，否则夫妻关系一旦出现问题，丈夫就容易放弃。但是，责任是不能放弃的。

另外也有相当多的男人错误地以为，男人不该做家务，家务是女人的工作。正因为如此，才会有这么多的男人结了婚之后还像单身似的，不是四处游荡，就是一心扑在工作上。不回家的男人比比皆是。

可能是因为我们有"三过家门而不入"的传统，大禹被人们当作有事业心的好男人典范，以至于后来的时代，男人只要一顾家、一恋家，好像就没有男人气概了。甚至在教会中，基督徒也不断地在推崇"不顾小家要大家"的思想，教会的带领人也会置教会的需求于家庭的需求之上，这种态度和做法是不符合圣经的。关于这一误区，我们将在"丈夫的角色"一章中详细讨论。

上帝造女人的目的

上帝创造女人的时候，给了她三个称呼：配偶、女人和母亲。下面我们来从这三个称呼入手，分析上帝造女人的目的。

做配偶

妻子的原始称谓是"配偶"，这与我们现在夫妻双方互称"配偶"是不同的。实际上，"配"其实就是匹配、配合的意思，是相对于"主"来说的。例如：故宫的太和殿称为

"主殿",而两边的殿称为"配殿";演戏剧和电影时有主角,辅助演员叫做"配角";连做菜都有主料及配料之分。所以,"配偶"实际上是辅助并与之适应的伴侣,也就是"助手"、"帮助者"(helper)。

这最原始的称谓来自耶和华。"耶和华上帝说:'那人独居不好,我要为他造一个配偶帮助他。'"(创2:18)所以,丈夫的"帮助者",是妻子的第一角色。上帝造女人是为了帮助男人,而不是掌控、伺候、依附于男人;也不是放纵、愚弄男人;更不是斥责、辖管、利用男人。

既然上帝造女人的最初目的是给亚当造一个助手,那么,帮助自己的丈夫可以说是女人从上帝而来的天职。现在的文化鼓吹男女平等,其实这是来自撒旦的极大谎言。如果一个国家出现两个总统、一个家里出现两个头,肯定会造成分裂。所以,我们一定要回到上帝的次序当中。

妻子在许多方面都比丈夫强,这是无可非议的事实。但是,正是因为做丈夫的在许多方面不如妻子,所以上帝才让妻子做丈夫的助手,来帮助丈夫。你看到哪个公司的老板请比自己笨的人来当自己的助手?老板管理不行,就要请个管理专家;不懂法律,就要请个法律顾问;财务不灵,就要请个财务总监。总之,只要那公司属于老板,他必定要请比自己精明能干的人来帮助自己。女人聪明能干,是为要帮助男人,而不是自己成为头;男人不能独自完成上帝托付的使命,当然需要女人来帮助了。

既然造女人的目的是帮助男人,那么,被帮助的人就必须成为这一关系中的主体,也就是说,男人必须做家庭的"头"。头在这里的意思就是"顶梁柱"。男人必须有做头的责任感，要敢于出头，成为家里的"顶梁柱"。作为妻子，如果你的男人是个懒得出头、害怕出头、不愿出头、不能出头的人，那么，你既然是他的助手，就要劝慰他、鼓动他、激励他、支持他、辅佐他、挑战他，使他愿意并勇于出头。但是决不能看自己的丈夫不行就取而代之，心想：既然你不行，那么还是我自己来吧。

这样看来，女人最大的价值体现就是成为世界上最伟大、最称职、最成功的"助手"。你要成为最成功的女人吗？那么你就努力成为最合上帝心意的助手吧。

做女人

妻子的第二个称谓"女人"来自亚当，这时上帝把起名字的责任交给了亚当，他对夏娃说："这是我骨中的骨，肉中的肉，可以称她为女人。"（创2：23）"女人"一词希伯来文意思是"从男人身上取出来的"。上帝先用泥土造了亚当，又从亚当的身上取了肋骨造了夏娃，其实这是告诉女人，你们不应与男人并驾齐驱、齐头并进，你们是男人不可缺少的组成部分。

在这里，上帝启示我们：任何一个组织，包括教会，都只能有一个头，其他的人都是助手。只有女人意识到自己是丈夫的一部分，而丈夫是家里真正的头，他才能从心里感受到这个家是他的家，他必须承担修理、看守家庭的责任。目前很多家庭的现状是，妻子试图与丈夫平等，甚至比丈夫还强势。面对妻子的咄咄逼人，丈夫会想："既然你什么都能做，那对不起，你来做吧，我走了。"怀有这种逃跑心态的男人比比皆是，当然这里有他们自己的原因，但是妻子的强势展现肯定在此起到推波助澜的作用。

有一次我在浙江某处开办亲子教育讲座，有一个姊妹向我诉苦，说她丈夫在家里根本不管孩子，无论她如何苦求，丈夫都无动于衷。我当时给她讲了很多道理，她说这都没有用，到第三天我才明白，原来这与她的家庭背景有关。她的娘家在当地很有钱，丈夫家很穷，于是就倒插门进入她家，房子的户主是她的名字，生了孩子以后改姓娘家姓了。这样的情况下，妻子在家里很有势力，凡事都是她出头。夫妻二人在孩子的事情上争吵时，妻子不甘示弱，说："这是我的孩子，我自己能养。"丈夫一听就撒手不管了："你能干，你自己来，我走了。"我给那个姊妹出了一个主意，"下次你们吵架时，你要说：'这是你的孩子，我帮你生的，帮你养的，你必须管。'你丈夫听后肯定感觉会大不相同。"

女人是男人的肋骨，肋骨是身体上非常重要的组成部分。中国有句俗语说"攻其软肋"，意思是攻击敌人时找准他的软肋，一打一个准。肋骨也是最脆弱的部分，男人要保护好自己的肋骨。

既然肋骨是从男人身上抽出来的，它就要归回到原来的位置，也就是丈夫那里。所以对女人来说，有"归属感"是最重要的。归，就是回去；属，就是从属。女人就是要回到男人那里去，从属于男人，去填补、支撑男人，而不是主宰、掌管男人。男人身上缺少一根肋骨，那一部分就空了，生命就会有空虚感，就迫切需要被充实和满足。而男人自己无法填补那块空虚之处，必须把取出来的那一部分再填充回去，才能得到满足。这是男人的需求，这种填补可以除去男人的孤独、寂寞和失落感。

　　肋骨的第二个特点是柔软且有韧性，女人的温柔是克制男人的法宝，女人不能用男人的方式来对待男人，应当柔情似水。男人就怕女人温柔，女人一旦温柔起来，男人就只能投降。我和妻子发生争执的时候，她越强，我越不让她。后来我妻子学了一个高招，每当有事与我争执不下的时候，她就拿出这个杀手锏——撒娇。她会说："你又忘了我是女人了吗？"这招真灵，每当她这样说的时候，我就真的就不忍和她争了，只能迁就她，并自找台阶地说："好吧，这次就让着你，没办法，谁让你是女人的。"我们会看到：坚硬的物质适于做锋芒，来开拓、刺入、征战，但越是坚硬的物质，就越容易从侧面折断。男人就有这样的特点，外表比较阳刚，但心理却又是常比女人更容易退缩和沮丧。女人却显然比男人更有韧劲，正因为她软，所以不容易折断。我们看到耶稣的十二个门徒都是男人，但是在耶稣受难的时刻，却都逃之夭夭。那个唯一敢于跟在后面的彼得，也在鸡叫之前三次声称不认识主。但是你会看到女人都没有离开，从始至终一直跟在耶稣的身边。耶稣被埋葬之后最先去坟墓的还是女人。可是耶稣并没有因为女人比男人更有韧性而不再用男人做他的门徒，因为上帝是要男人为他修理看守的。所以，做妻子的一定用你的韧劲去弥补丈夫在这方面的欠缺。有一个基督徒丈夫曾经做过一个见证：在他的事业一败涂地，变得一无所有的时候，他本以为妻子会从此嫌弃他。没想到，当他忐忑不安地回到家中的时候，妻子却用温柔的情怀迎接他、安慰他、鼓励他、并且给了他一个充满浪漫和激情的夜晚。他深情地告诉我，正是妻子给予的那个最"贴心"的夜晚，使他又重新振作起来，在几年之后成为一个很有生命而且很成功的基督徒企业家。

一个女人如果事业有成、声名显赫，却没有一个遮盖、保护她的男人，没有归属感，她还是"找不着北"。因为女人真正的满足在于归回男人，得到一个男人的爱恋、怜惜、保护和遮盖，使女人可以全心信任、仰赖和依靠。很多女强人在人面前光彩夺目、十分耀眼，被众人簇拥，似乎十分得意，然而她内心的孤独和寂寞谁能知晓？

肋骨的第三个特点是：它最靠近人的心脏。所以女人要努力成为丈夫最贴心的人，理解他、体贴他，在他心里软弱的时候能够扶助他一把。肋骨与其他部位的骨骼比起来，虽然显得非常脆弱，却担当其他骨骼不能担当的角色——护心。女人当记住：你虽然不能用你脆弱的身躯保护比你强壮的丈夫，却能够保护他的心。

我看到许多基督徒姐妹，她们自己信主多年，丈夫还是不信，常常是因为她们只是在外在的事上帮自己的丈夫：帮他做工作，帮他赚钱，帮他管理公司，帮他料理家庭事务，帮他照管孩子。但她们没有在心灵里的事上帮助他：用温柔的心将他挽回，使他的心归向主。

妻子常常不是做肋骨，而是站在一个高位上，用圣经的道理教训自己的丈夫，这不但不能改变他，反而把他推向反面。她们中间很多人都是这种心态："你不信不要紧，只要你别阻挡我信就行。"于是有的妻子自己热衷于教会的活动，为了不让丈夫阻止自己，就别出心裁，想方设法地哄自己的丈夫开心，虽然做的事情没有不对，动机却是错误的。她们或者怄气："我把家务都做好，饭菜准备好，叫你挑不出理来，看你对我去教会还有什么说的？"或者采取怀柔政策："我伺候你，哄你高兴，所以你就别阻挡我去教会了。"这些妻子都不是有归属感的肋骨，而是独立而且游离于身体之外的肋骨。有这种心态的基督徒妻子可不是少数，因为每当我与她们谈起他们不信的丈夫时，她们的反应常常是："唉，我丈夫是麻绳拎豆腐——提不起来！"你看，当你总是想"拎"他的时候，就是无意中将自己摆在一个比他高的位置。这样他就真的会成为豆腐，死赖着就不让你把他拎起来。

因为你站的位置不对，不仅帮助得不是地方，而且方式方法也都不对，所以肯定帮不到点上，结果，你信了多少年他还是不信。

做母亲

女人的第三个称谓"夏娃"同样来自亚当。"夏娃"意即"众生之母"（创3：20）。亚当给他妻子起名叫夏娃，因为她是众生之母。所以，女人的第三个角色是妈妈，做母亲也是女人成就感的重要来源。

对孩子而言，母爱与父爱都不可缺少，而孩子在幼年时期尤其需要母爱。圣经上讲到以撒时说："以撒便领利百加进了他母亲撒拉的帐棚，娶了她为妻，并且爱她。以撒自从他母亲不在了，这才得了安慰。"（创24：67）以撒是亚伯拉罕和撒拉的独子，36岁时，他的妈妈撒拉死了。少了母亲的呵护和慰藉，以撒的心里面就有一个空缺，一直等到4年后迎娶利百加，他内心对母爱的渴求才得到了满足。

孩子幼年时需要从妈妈那里得到足够的关注和爱抚。得到足够的爱，有足够的安全感，孩子才能去做其他的事情。孩子哭闹，说明他爱的需要没有得到满足。有人在教养孩子的问题上反对孩子一哭妈妈就去抱，这是错误的。小孩子之所以缠着妈妈，是因为妈妈给孩子的时间不够多，当你给予孩子足够多的时间、慢慢地爱抚他，小孩子自然就不会缠着妈妈了。在他爱的储藏罐里已经盛满了足够的爱，这样，他长大后，爱自然会从他的生命中流溢出来。他会成为爱的管道、身边人的祝福。

年幼的孩子如果和妈妈接触的时间太少，内心对爱的需求得不到满足，尤其是对肌肤之亲的渴求没有得到满足，就会产生难以名状的痛苦。爱的饥渴和亲密感的需求在孩子长大后会以另外一些破坏式的方式爆发出来，譬如青少年时期早恋。

圣经旧约的《列王纪》，常常在记述一个犹大王时，补充说他的母亲是谁。母亲直接影响到孩子的品格和性情，对孩子信仰的塑造起到重要的作用。《箴言》中许多智慧的话语，都是来自母亲："利慕伊勒王的言语，是他母亲教训他的真言。"（箴言31：1）

回到现实中，很多女人结婚后不愿意要孩子，认为养孩子会耽误自己的事业发展，这是与圣经不符的。做母亲是上帝造女人的目的之一。女人有了孩子，却不把主要精力放在哺育孩子上，还要上班忙事业，认为事业比孩子重要，将孩子交给其他人来看护，这也是错误的。我从事婚姻家庭辅导十多年，有人问我说："袁老师，做这个是不是让你很有价值感？"我说："不是，真正让我有价值感的不是我的事工，而是儿子，儿子是我价值感的最大来源。" 我的儿子如今是一个信仰非常坚定的青年人，其他青年人也许有让父母头疼的网瘾、早恋等问题，我的儿子却从来没有。他回到家里，带给我们的都是一些好消息。养育孩子能给父亲带来这样的成就感，给母亲带来的岂不更大？

"配偶"、"女人"和"母亲"这三个称谓分别是从上帝、丈夫、儿女三个不同的角度来定位的（尽管第三个名字也是丈夫起的），明确了女人在家庭中的主要作用。从上帝的角度看，女人要做丈夫得力的助手；从丈夫的角度看，女人要温柔、成为男人的一部分、归属于男人；从儿女的角度看，她要成为慈爱的母亲。

第二章
婚姻的设立

婚姻是上帝设立的，在创造婚姻的过程中，上帝充分展示了他的智慧。接下来，我们要从两个方面谈论这一点：第一，上帝设立婚姻的过程，体现出他的智慧；第二，上帝为婚姻设定的状态，亦体现出他的智慧。

设立婚姻的过程

　　耶和华上帝用土所造成的野地各样走兽和空中各样飞鸟都带到那人面前，看他叫什么。那人怎样叫各样的活物，那就是它的名字。那人便给一切牲畜和空中飞鸟、野地走兽都起了名，只是那人没有遇见配偶帮助他。（创2：19－20）

创造女人的时机

　　上帝在《创世记》2章18节中已经说了："那人独居不好，我要为他造一个配偶帮助他。"可是他没有立即付诸实践，马上造一个女人，然后告诉亚当说："你需要这个女人，把她拿去吧。"他的做法是先让亚当开始亲自着手做一些工作。什么工作？给动物取名字。奇怪，他知道亚当需要"娶媳妇"，为什么却让亚当去给动物"取名字"呢？随后，在《创世记》2章19-20节中，圣经描写亚当给动物取名字的事，而这看起来似乎与造配偶是风马牛不相及的。

到底取名字与娶媳妇有什么关联？

我们不妨一起来想象一下当时的情景：亚当坐在旷野的大石头上，让动物各从其类地一一走到自己的面前——那时动物都是很顺服的。

第一批过来的是两只庞然大物，看上去十分相像，都长着长长的鼻子、大大的耳朵，然而又有很大的不同：其中一个更加高大一些，且长着两个像剑一样的牙齿。亚当说："这对动物取名叫'象'。这头高大又有牙齿的叫做公象，另一头叫做母象。"

第二批走过来的比象要小一些，但其实也很大。这两只动物同样极其相似，但也略有不同：其中一个更健壮一些，还长着一对犄角。亚当说："给它们取名叫'牛'，有犄角的是公牛，没有犄角的是母牛。"

这时又过来一对鸟，都很美丽，但其中一个有着长长的尾巴，而且可以开屏，另一个尾巴短一些，却可以下蛋。亚当说："我把它们叫做'孔雀'，有长尾巴会开屏的叫公孔雀、短尾巴会下蛋的叫母孔雀。"

就在这样一方面看来千篇一律而另一方面却也丰富多彩的工作过程中，亚当逐渐会产生一种什么感觉？你想一想看，如果你去参加一个聚会，所有的参加者都是成双成对的，唯有你自己孤身一人、形单影只，那么你会有一种什么样的感觉？对，是孤独感！"咦？怎么他们都是一对一对、亲亲热热的，多么和谐愉快，而我却是孤苦伶仃的一个人呢？"没错，亚当当时的感受也是如此，他会想："我也应该和他们一样，要是有一个人能和我朝夕相处，该多好呀！"

原来，上帝在造亚当的时候，就已经把这个需求放在他里面：他需要一个助手帮助他，同时又需要一个亲近的朋友来陪伴他。可是，起初的时候，亚当自己没有亲身地感觉到这一需求。要记住中国的一句老话："饿极糠如蜜。"人只有在需要什么的时候，才会觉得什么宝贵。没有需求，或没有感觉到需求的时候，你给他多么贵重的东西，他也不会珍惜。这就是上帝在造女人之前先让亚当工作的原因，他是要亚当在工作中去体会出自己内心的真实需要。当这需要被激活，且变得日益强烈的时候，上帝再造个配偶去满足他，他才会倍加珍惜这份最美的礼物。

不仅如此，亚当发现自己在工作能力上还有许多欠缺，比如：他可能挺马虎的，没有看出某些动物之间细小的差别；他也许没有耐心，看到排队的动物一眼望不到头，就很泄气，想逃避责任不干了；他大概不善言辞、不懂沟通，觉得工作就工作吧，对这些工作对象，除了告诉它们自己的名字以外，就再没有什么好说的了；他也可能是目标导向型的，只想到要把工作做好、做完，很少顾及到动物的感受和动物的情感需求。

"只是那人没有遇到配偶帮助他"，这句话的意思是说，亚当没有能够在现有的这些被造物中找到适合自己的助手。由此可见，亚当确实是在苦苦地寻找着适合自己、能够满足自己需求的配偶，但所有的这些动物都不适合他，更不能满足他的需求。随着工作的进行，亚当的这一需求会变得越来越强烈。

"我需要一个适合我的！"

"我也要有一个伴儿！"

"我的伴儿在哪里？"

亚当内心在不断地呼求着。这时，上帝看到时机成熟了，于是实施下一步计划，开始着手为亚当造女人。

这个过程充分展示出上帝的智慧。如果上帝在亚当没有感受到需求时就给他夏娃，他也不会珍惜夏娃的。即便上帝告诉亚当"你有这个需求"，亚当也不会认同。

上帝造亚当的时候，就已经将对配偶的需求放在他的里面，又使用特殊的方法将亚当的这个需求激活。从这一点中，我们可以得到一些启发，应用在教育孩子及传福音的方面。伽利略曾经说过："你永远不可能教会一个人什么东西，你只能帮助一个人在他自己里面找到一些东西。"意思就是说：上帝造一个人的时候，就已经将恩赐放在他的身体里面，除了上帝之外没有任何人能传授给他人知识或技能；而人们所能够做的，就是采取种种手段，将他里面的需求激活，帮助这个人把上帝给他的恩赐发掘出来。

同样，我们的孩子其实都有学习的内在需求，这是上帝创造他们的时候就放在他们里面的。如果父母和学校的教师能够通过各种社会生活实践，启发他们，将他们里面的需求激活，他们将会产生极大的学习动力。另外，上帝也给每个人不同的天赋，一个人若没有音乐天赋，无论多少个音乐大师围着他转，他也成不了音乐家。而如果他有音乐天赋，却没有人去帮助他开发出来，他的天赋也会被埋没。

我们做父母的常常自顾自地认为孩子应该学音乐，就花重金买钢琴、买小提琴、请老师，也不管孩子有没有兴趣；我们认为孩子应该掌握英语，就买录音机、报英语班、请家教，也不管他到底有没有这方面的天赋。这样教育孩子的结果是适得其反，孩子往往产生厌学的心理。当孩子没有体会到内在需求的时候，你这样做就好像买了一部汽车，然后拼命在后面推这部汽车向前走，而不是想办法将里面的发动机点燃。

我儿子刚上初中的时候身体较弱，当时他有许多爱好，但是由于学习压力太大，他几乎没有什么课余时间。渐渐地，他对学习产生了厌倦情绪，每天都无精打采。我和妻子看到这样的情况，就毅然决定让他休学半年。在这期间，我们不谈功课，有时间我就让他做自己喜欢做的事情：弹吉他、打篮球、打乒乓球。我们还陪他在家里的地板上踢袜球（用旧袜子做成的足球）。更重要的是，让他有时间读圣经，安静他的心。我们之间也有更多的时间相处。半年后，他的艺术素养有了很大的提高，而且身体素质也增强了不少。但是，他没有同龄的朋友和伙伴，于是他自己又开始留恋过去的学校生活。当他做梦都想上学的时候，我又送他回到学校读书。从那以后，他心里的学习热情被激发出来，对学校生活和学习的态度有了极大的变化，学习成绩也一跃而上。

传讲福音也是同样的道理，我们要从上帝的做法中学到智慧。当一个人对真理没有需求时，你就是说破了天，他也无动于衷。因为他不认为真理是宝贵的，所以也不会珍惜。而当他在生活中苦苦挣扎、渴望得到点拨时，你所传讲的便会对他产生效力，他也会珍视救恩的信息。

上帝的智慧在于，他让亚当在实践中了解配偶对自己的重要意义，这样，亚当才能够对夏娃的到来给予足够的重视。

创造女人的过程

> 耶和华上帝使他沉睡，他就睡了；于是取下他的一条肋骨，又把肉合起来。耶和华上帝就用那人身上所取的肋骨造成一个女人，领她到那人跟前。那人说："这是我骨中的骨，肉中的肉，可以称她为女人，因为她是从男人身上取出来的。"
>
> （创2：21-23）

上帝从亚当身上取肋骨造夏娃这个步骤，展示了他对婚姻的完美设计。他乃是要婚姻达到这样的一种理想境界："然而照主的安排，女也不是无男，男也不是无女。因为女人原是由男人而出，男人也是由女人而出，但万有都是出乎上帝。"（林前11：11-12）从这段经文中我们可以看出，原来，上帝是要所有人，无论男人还是女人，都不能依仗着自身的优势或特点向对方夸口。因为第一个女人是从男人（亚当）而来，而后来的男人又都是女人生出来的。没有男人就没有女人，没有女人也同样没有男人。离了任何一方，对方都不能独立存在，甚至可以说失去了存在的意义。而且，经文中强调，这所有的一切都是主的安排，是上帝的旨意。

妻子是丈夫真正的亲骨肉

> 那人说："这是我骨中的骨，肉中的肉，可以称她为女人，因为她是从男人身上取出来的。"
>
> （创2：23）

为什么要用亚当身上的骨和肉？这段经文可以给我们一

些启示。我们中国人普遍喜欢将自己的孩子叫做"骨肉"，而将妻子看成是"衣裳"，穿旧了就可以换新的，所以常常爱孩子胜过爱妻子。不错，孩子的确是我们的"骨肉"，但是别忘了，妻子是丈夫"骨中的骨，肉中的肉"，也就是骨肉中的骨肉啊。所以，我们决不能将亲子关系置于夫妻关系之上。如果两个人有了孩子，就将夫妻关系放在其次的位置，那就是本末倒置，一定会造成很严重的后果。

8年前，一个广播电台的女性节目主持人问我一个问题，她说，最近有许多的年轻妈妈来电话问："我们夫妻关系一直很好，本以为有了孩子会锦上添花，没想到生了孩子的高兴劲儿还没过，夫妻关系就出现严重的裂痕，这是为什么？"

我分析说，最常见的原因是，夫妻有了孩子之后，双方都错把孩子当作生活中最为重要的人，将彼此的需要放在次要位置，双方的情感被忽视，孩子就从某种程度上成了夫妻之间的"第三者"。在中国独生子女的家庭里，孩子成为家庭生活的焦点，他的需求成为全家人最关注的，夫妻关系成为次要关系，这种错位是带来家庭矛盾的隐患。曾经有一个牧师告诉我，他嫉妒他的儿子，因为在他们夫妻关系中，妻子置儿子于他之上，做好了饭菜总是先端到儿子面前，满脑子都装着儿子的需要，却忽略了他的需求，让他觉得非常不舒服。听了我的讲座后他恍然大悟，明白了他们的问题出在儿子这个"第三者"上。夫妻关系仅次于人与上帝的关系，是人际关系中最为优先的关系。夫妻关系好，儿女自然就得到祝福；夫妻关系遭到破坏，受到最大伤害的同样是孩子。

一定要注意，夫妻关系在所有家庭关系中是最重要的，其他的关系都是建立在夫妻关系的基础之上的。当上帝将夏娃带到亚当面前时，亚当确实马上就对夏娃产生了那种骨肉难分的感觉，所以他才会发自肺腑地感叹道："这是我骨中的骨，肉中的肉。"而这正是上帝对婚姻的心意——他要我们切身体会到"你们在我里面，我也在你们里面"（约14：20）的那份关系，婚姻正是教会与基督之间不可分割的甜美关系的象征。

你看，即便是和自己亲生的儿女的关系，如果你使之凌驾于夫妻关系之上，都会造成情感的伤害，更不要说其他的关系。所以，我们要特别注意自己与父母、亲戚、弟兄姐妹、朋友和同事之间的关系，要记住"婚姻，人人都当尊重"（来13：4），千万不可把其他人际关系高举过于婚姻关系。

上帝所设定的婚姻状况

人在结婚成家以后，家庭中人际关系的优先次序也应该有一个重要的调整。这在圣经中有着非常明确和具体的描述。

> 因此，人要离开父母与妻子连合，二人成为一体。当时夫妻二人赤身露体并不羞耻。（创2：24-25）

这里的"人"指的是男人。这段经文清楚地告诉我们结婚成家的三部曲：

1. 离开父母；

2. 与妻子联合，二人成为一体；

3. 赤身露体并不羞耻。

这便是上帝所设定的婚姻状况，进入婚姻的两个人所享有的婚姻生活理应如此。按着圣经的原则去做，我们就能体会上帝在设立婚姻时无与伦比的智慧。

离开父母

上帝对我们的一生都有美好的计划，他既告诉我们"独居不好"，又告诉我们要在长大之后"离开父母"。他的意思再清楚不过了：男人长大成人之后，要脱离父母的庇护和影响，与妻子一起组成独立的家庭。

在第一章中我们谈到过，除了人与上帝的关系之外，夫妻关系应该是最重要的关系。为了保护这一层关系，也为了使年轻夫妻能够尽快成熟，上帝让我们脱离对原生家庭的依赖，然后结婚，组成新的家庭。可是，我们发现，目前的中国社会中，无论是在城市还是在农村，儿女结婚以后依然同父母一起生活的情况都十分普遍。注意，我这里不是指父母年迈体弱需要儿女照顾的那种情况，而是指父母和儿女都能够独立生活的情况下，为了某些利益而共同生活。

中国人受传统观念的影响很深，因此，在中国谈"离开父母"是很困难的。中国人普遍认为，我们民族的传统是"养儿防老"，既然父母含辛茹苦将儿女养大成人，儿女结了婚就应该和父母生活在一起尽孝道。所以，我们中国人讲究"四世同堂"。在中国的社会里，结婚之后的夫妻仍与父母生活在一个屋檐下，并且将父母看得比对方更重要，这被认为是天经地义的事。

　　我听父亲讲，他和我母亲从刚结婚起就梦想着以后要生三个儿子，到北京买一个四合院，几个儿子结婚后都不要出去，同他们住在一起，不要分离。他们老两口住在正中的北屋，三个儿子东屋、南屋、西屋各居一室，一大家子热热闹闹。将来他老了，就坐在北屋的门廊，看着自己的孙子甚至重孙子在院子里玩耍。后来，他果然生了三个儿子、两个女儿，但是没能买得起四合院。直到年老，我父母也时常为没能实现这一理想而遗憾不已。

　　"孝敬父母"是上帝十诫中第一个带有应许的诫命，但是孝敬父母并不等于结婚后依然同父母生活在一起。"离开父母"与"孝敬父母"都是圣经的原则，所以绝对不可能是相互矛盾的。在我接触到的婚姻案例中，有相当一部分问题，起因都不是夫妻矛盾，而是夫妻中的一方与另一方的家庭成员的矛盾。其中最普遍的是结婚后和双方父母之间的矛盾，而这些矛盾中又以婆媳矛盾最为突出，而婆媳矛盾又常常是由于和父母同住引起的。

　　我们看到，西方国家的年轻人一结婚就同父母分开，独立生活。我们以为那是他们民族的传统习惯，不符合中国人的文化。其实主要的原因是那些国家一般都是基督教国家。当基督教传到他们那里的时候，当地人都按照圣经中的原则，奉行结婚后离开父母、独立建立家庭的做法。后来，这种做法慢慢地被人们广泛接受，并代代传承，后人虽然不都是基督徒，但是这已经发展成为一种传统文化和风俗习惯。而这种文化比我们的文化更加符合圣经原则。

　　家庭是社会的细胞，而每个细胞都只有一个细胞核。当细胞核分裂成为两个的时候，细胞也自然分裂成为两个细胞。细胞膜的界限十分清晰显示出这是两个不同的细胞，然而细胞膜又允许某些物质透过来进行交换。在医学上，无论一个细胞里有两个细胞核，还是两个细胞膜界限不清，都被视为病理现象。家庭也是如此。每个家庭都应该是以婚姻关系为核心的，我们小的时候，生活在以父母的婚姻关系为核心构成的家庭里。等到我们长大了，结婚了，新的婚姻关系出现，就像形成了一个新的细胞核，那么，我们就应该分裂出去，成为另一个家庭。如果不分出去，就会形成一个家庭里有两组或多组婚姻的现象，这样的状况也一定会带来一些界限不清、互相影响的问题，更重要的是不利于新家庭的发展。

我曾看过一部日本故事片《狐狸的故事》。电影中记述了一个狐狸从小到大的成长过程。一只母狐狸生下一只小狐狸，她非常爱这只小狐狸，无微不至地关怀它。当小狐狸长大之后，母狐狸开始教小狐狸捕食。小狐狸刚刚学会独立捕食，母狐狸却一反常态，开始向外驱赶小狐狸。小狐狸不愿意离开妈妈，第一天将它赶出去，到晚上它就回来了。第二天又把它赶出去，到晚上它又遛达回来。第三天狐狸妈妈终于变得毫不怜悯，开始穷追不舍地咬它，直到小狐狸万般无奈，只好一步一回头地离开妈妈向远方走去。当小狐狸的身影逐渐消失在远方的地平线时，导演给了狐狸妈妈的眼睛一个特写镜头——它的眼睛里充满了泪水。

我们可以感受到，其实母狐狸并不舍得自己的孩子离开，但它的本能让它必须这样做。因为这个时期正是小狐狸自身发展的重要时期，如果进入成熟期后不及时离开父母、独立生活，它们就会产生依赖性。这种依赖性无疑将对它们日后的生存产生极其消极的影响，甚至导致它们在激烈的自然界竞争中被淘汰。

我们有时候还不如狐狸聪明呢！

其实，我们的人生需要两次"剪断脐带"。第一次是孩子从母体的子宫中分娩出来时，医生立刻就把孩子同母亲连接的脐带剪断。能先留几天再剪断吗？不行！该剪断的时候必须剪断，否则就会出问题。脐带剪断之后，孩子以往完全依赖母亲的生存方式改变了，从身体上来说，他完全独立了。但是，与母体分离后，他还不能完全独立生活，在其他各个方面还需要父母的照顾。于是，父母与孩子之间还存在着一条无形的"脐带"。没有这条"脐带"，孩子很难健康地发育。随着孩子逐渐长大，这种依赖关系会越来越弱。

第二次是孩子成年的时候，成年意味着一个人在生活、心理等各个方面都应该完全独立。他必须学会自己做决定，并且承担后果，还应该学习逐渐承担起家庭和社会的责任。这是他第二次剪断"脐带"的过程。在我国，未满18岁的孩子，即使犯了刑事罪，量刑也与成年人不同，说明他们还不能完全为自己的行为负责。但18岁以后，他就成年了，真正独立了。

我们中国的父母，尤其是独生子女的父母，常常对孩子关爱有加、保护过度，生怕他们受苦，大事小事都插手，结果培养出一代"大顽童"。前一段时间，一个朋友对我诉苦："儿子要结婚，跟我要钱买房，我说没钱。儿子说，你不给我买房，我就不结婚。"多么可笑，中国的年轻人都被父母宠成什么样子了？你为谁结婚呢？小时候"为父母考试"、"为父母上学"，长大以后"为父母结婚"、"给父母生孙子"，这就是这代人的心态。既然是为你而做的，你当然要付钱，于是，这批孩子成了地地道道的、永远也长不大的"啃老族"。

2003年10月我去内蒙古讲婚姻课，在火车上遇到一位从北京回银川的中年妇女。一路上聊起来才知道，她是去北京看上大学的儿子。儿子今年考上了北京的某所重点大学，这个母亲9月份刚刚送他入学，10月又去看他。我问她为什么刚过了一个月就去看望儿子，她说："孩子从来没有离开过父母，不会生活。上次去北京的时候，我把他四季的衣服都编上号码，告诉他什么时候穿几号的衣服。没想到我一走，他就把衣服号码弄乱了，结果天气一变他就感冒了。我这是利用国庆长假去帮他整理，再叮嘱叮嘱。"我问她："这次去有什么收获？"她长叹一口气说："唉！我给他们宿舍的四个大学生洗袜子和内衣内裤，整整洗了两天。"

"现在学校不是都有洗衣房吗？"我问她。

"是呀。可是学校规定不许用公用洗衣机洗内衣、内裤和袜子，所以他们就将穿脏的内衣、内裤和袜子扔到床底下，再买新的穿。那要花多少钱啊！所以我只好给他们手洗、晾干，再叠好放在他们各自的床头。"

母亲讲述的时候并没有感到太委屈，似乎觉得自己完成了一件很伟大的工程。我问她："那下个月他们的袜子和内衣裤又穿脏了怎么办？您是否还要坐火车从银川来北京给他们洗呢？您准备洗到什么时候算完呢？"

母亲语塞了。"那您说怎么办啊？"她为难地看着我。

后来，那一路上我就给她讲："你不能培养一个事事都要别人照顾的才子，而是要培养一个能自食其力并有责任感的男人。另外你还必须牢记：你不是在培养儿子，你是在为你未来的孙子培养父亲。"

据说中国大学的在校生和毕业生中，约70%的人不喜欢自己所学的专业，或正在做与自己专业不对口的工作。我们不得不承认，这与他们的父母有关，因为专业大都是由父母为他们选择的。我在国外看到，在孩子十四五岁的时候，许多家长已经开始培养他们独立自主的能力了，从没听说过哪个大学生的父母为他们选择专业。我还明显地感受到，其他国家的大学生远比我国同年龄的学生成熟。1995年，我在一所私立学校工作时，我的美国朋友为我介绍来两个美国大学一年级的学生做临时外教。同样是十七八岁的青年，他们安排课程、指挥学生和学校领导交流时所表现出来的老练成熟，令所有的中国教师感到惊叹！

青年人结婚成家的这个阶段，是他们在生理、心理等各方面发展成熟的最重要的时期。父母即便在儿女大学时代还不撒手，等他结了婚，无论如何也该"放飞"了吧。遗憾的是，我们中国的许多父母还是舍不得，致使许多青年夫妻虽已结婚多年，表面看上去似乎很成熟，但实际上在经济、生活、心理、精神等诸多方面，还没有完全脱离对父母的依赖：一有困难就求助于父母；即便不跟父母一起生活，还是会每个月接受父母经济上的补贴；生了孩子自己不养，交给父母来带……举凡种种，都是内心深处的"脐带"没有剪断的表现，这种状况对年轻夫妻的成长有巨大的阻碍作用。待父母老迈离世，自己也已经人过中年，不成熟的心理状态早已根深蒂固，难以改变。

不离开父母的弊端

"离开父母"虽然只是简单的一句话，但因为圣经都是上帝所默示的，所以，只要你认真去琢磨，就会发现其中蕴藏着无穷的智慧。我们一起来分析一下，年轻人结婚之后继续与父母同住，会带来哪些问题。

首先，不离开父母会阻碍自己的成长。我们知道，独立做决定，并为自己的决定和做法承担全部责任，是一个人成熟的标志。然而，如果你结婚后还继续生活在父母的家里，在为自己或自己的小家做一些重要的决定之前，作为儿女，出于习惯或是为了表示对长辈的尊重，你都必须先去征求父母的意见，因为这是你父母的家。

比如说，你们决定要买一个冰箱，或者电扇、空调、电视机，那么，就算你们夫妻已经统一了认识、做了决定，这个决定还是不能算数。因为老人可能会考虑到用电的问题、屋子空间的问题，以及电器的样式、功能、价格、颜色等，提出不同的意见。可以说，几乎所有的决定都不是你们两个人做的，而是在父母的影响甚至是控制下做的。长此以往，就会大大阻碍你们自己的成长，你会变得很不自信、瞻前顾后、犹犹豫豫，而且不愿承担责任、懒得承担责任，甚至会乐于逃避责任。因为这些倾向都是人的天性。学习承担责任是很难的事，但优哉游哉逃避责任则是极其容易养成的坏习惯。不仅如此，这种状况还会在你们夫妻之间引发冲突。有了冲突，你们中的一方必定会迫于周围的压力，而以其父母的意见为准，否则就会落下"娶了媳妇忘了娘"的口实。

在此种环境下，你总是面临这样的选择：要么事事征求父母意见、顺服权柄、维系和谐的大家庭生活氛围，后果是将自己培养为"成年大孩子"；要么在大家庭里拥有一个独立的"小家"，你们小两口可以有自己的主权，后果是家无宁日，因为"家中之家"的做法违反大家庭的规则、破坏大家庭的次序。

其次，不离开父母使得配偶有"局外人"的感觉。无论与哪一方父母同住，都会让另一方有"局外人"的感觉。因为在未结婚以前，我们与父母以及亲兄弟姐妹之间的亲密关系是自然形成的，有些亲密的举动我们甚至都意识不到，比如父母会在吃饭时给你夹菜、给你洗内衣裤、跟你窃窃私语、与你打闹开玩笑、偷偷给你一个人留一些好吃的东西等，这些都会给你的配偶带来很大的压力。因为他（她）会感到：我不是融入你的生活，是融入你们大家庭的生活；我不是跟你结婚，而是跟你们家结婚；我与你的关系只是这个大家庭关系中的一个点缀；在你我之间还有一些人，他们和你的关系似乎更亲密；你们家人对你和对我的态度是不一样的。

这样，就等于违反了上帝的原则：夫妻关系是其他人际关系的基础。

第三，不离开父母会妨碍夫妻之间表达浪漫爱意。记得我当初和妻子谈恋爱约会时，我每说一句话都会引得她咯咯地笑，真是开心极了！ 其实每对夫妻在谈恋爱和新婚蜜月的时候，都有过如此的经历。我们当时这样做，目的性是很强的，就是要讨对方的欢心。两个人之间会有很多亲昵的举动，如手拉手窃窃私语、脉脉含情地对视、接吻、拥抱、爱抚、嬉笑、撒娇、幽默等，这些都是在表达浪漫爱意。亲昵的举动是婚姻关系的黏合剂，夫妻俩应该经常有意识地去做，并养成习惯。这样可以给婚姻生活增添浪漫色彩。我们可以仔细去阅读圣经中的《雅歌》，其中有许多描写所罗门王与书拉密女之间浪漫爱情的情节。

恋爱的时候，这样的举动是很自然的。如果能够将这样的习惯带入我们的婚姻，那是非常好的事情。新婚夫妻面对全新的生活方式，很多事情需要适应，所以常常会感到压力。饭烧焦了或做得不好吃；一个人下班晚了，另一个人在家里等得很不耐烦；在公司受到批评，一肚子火；在路上和人争吵受了委屈：这些事情都容易引起摩擦。然而，回到家，两个人一亲热，抱一抱、亲一亲、笑一笑，就都过去了。如果同父母合住，夫妻之间的亲昵举动就会很受限制。

你能在家人众目睽睽之下爱抚对方吗？父母会感到很不自在。你能当着他们的面窃窃私语吗？父母可能会认为你们有事瞒着他们。你能单独给对方买一些营养品或小礼物吗？父母还没有呢。你们能在家里打打闹闹开玩笑吗？父母可能觉得太放肆了。

两口子不好意思在父母面前用这些举动公开表达自己对配偶的爱意，就这样，从不好意思到不自然，从不自然到不习惯，久而久之，两颗心就会逐渐冷却。小时候生过炉子的人都知道，炉子一定要趁炉膛还热的时候生，一旦炉膛冷却下来，再想生火可就不太容易了。

新婚夫妻如果与男方的父母同住，可能做丈夫的会觉得轻松一些，而妻子会更难适应；如果与女方的父母同住，可能做妻子的会觉得轻松一些，而丈夫会更难适应。过去，我和妻子由于没有自己的房子，不得不在我父母家和她父母家各住一段时间。我们的体会是相当深刻的。住在我父母家时，我下班回家，看到妻子在厨房做饭又热又累，其实很想上前去帮助她，或者给她一块毛巾擦擦汗，妻子定会感到无比甜蜜。但是我不愿意让家里人说我"只知道心疼老婆"，没有"男子汉大丈夫"的劲头，所以就熟视无睹地假装读报纸、看电视。我真是错过了许多甜美又浪漫的时光。而住在妻子父母家时，我也常常要在岳父大人面前表现，做许多家务。我妻子看我工作一天回来已经很累了，有心让我休息一下，自己去做饭，可是又要在家里人面前显示自己在丈夫面前很有权威，好像丈夫很听话，所以也就颐指气使地吩咐我干这干那。婚姻关系中本来可能存在的浪漫气氛，都被这合住的环境大大抑制了。

第四，不离开父母，会导致亲子关系与夫妻关系界限的混淆。我们都是罪人，父母也是。看到自己含辛茹苦养大的孩子，转眼间成了别人的丈夫（妻子）、跟别人更加亲热时，父母也会嫉妒。这种失落感是自然的，也会以各种各样的方式在日常生活中流露出来，不断地伤害到儿女的婚姻关系。

有个母亲在听完我讲这个问题后说："袁老师，我不嫉妒媳妇，就是嫉妒，我也可以不表现出来。"其实那是不可能的，因为你对自己儿女的关爱是情不自禁的。你给自己的儿子或女儿多加一筷子菜，多说了几句关心的话，甚至你对他（她）多笑了笑，都可能引起女婿或儿媳妇的不满。不是亲生的，就是不一样。他们在这方面是异常敏感的。

而且，往往父母之间关系越不好，他们就越容易对儿女产生依赖。因为人都需要亲密感，当这需求不能从配偶那里得到满足的时候，他们会很自然地将眼睛盯在儿女的身上，渴望由儿女来满足自己全部的情感需要。所以，单亲家庭的生活氛围常常会让父母对孩子产生畸形的爱恋。

在一次夫妻营会上，我听一位台湾的姐妹讲过一个真实的故事：有一个母亲早年守寡没有再嫁，全身心投入在独生子的身上。当儿子长大谈恋爱的时候，她很高兴，但到了要订婚的时候，她又百般阻挠。儿子问她什么理由，她就说看不上，但又说不出哪里不好。儿子想到妈妈为自己做了太多的牺牲，所以依从妈妈的意思放弃了那桩婚姻。后来儿子又谈了一个女朋友，和上次一样，到了谈婚论嫁的时候，妈妈就拒绝。直到儿子三十多岁了，妈妈想到要有人延续血脉，才同意儿子结婚。但是她要和未过门的媳妇约法三章："你们结婚可以，但有几条需要遵守。一是不许离开这个家；二是要守家里的规矩；三是在家不许插门，包括睡觉的时候。"儿媳妇都同意了。开始时，她不知道为什么婆婆连他们睡觉时也不许插门，后来才知道，原来她三十多年如一日，每天半夜里要给儿子盖被子，即使儿子结婚，她也不想放弃照顾儿子的权力。这个事情，儿子已经习以为常，但儿媳妇有时睡到半夜一睁眼，见老太太就站在床边，便吓得心惊肉跳。自然，夫妻生活的质量也受到很大的影响。直到婆婆去世后，她儿媳妇的心病才好了。

在希伯来文中，"离开"是"舍弃依赖"的意思，并不仅仅是强调分开住、经济独立。如果你们夫妻两个人的事还要让父母拿主意，那么你还是没有真正"离开"，还会一直保持"乳臭未干"的状态。结婚之后，夫妻的关系就是最为重要的、最优先的关系。无论什么事，都应先征求配偶的意见和建议，而不是父母的。发生了冲突和矛盾，也要尽可能在自己与配偶之间先寻求解决办法，千万不可有了困惑就去问父母、任何家事都告诉父母。结婚后你们自己家与父母家就是两个家，而不是一个家了。两个细胞之间是有细胞膜隔开的。记住：只有水分子和某些物质可以通过细胞膜进行交换，而不是所有的东西。还有，夫妻讨论问题时，不可将父母的意见强加给对方，不断强调"我妈说"、"我爸说"，这样会使对方感到自己是个傀儡。此外，千万不能一有冲突就回父母家求助，这样是在暗示对方，在你之外我还有条退路。在我们的社会中，小两口一发生争吵，女方就求助娘家人的做法相当盛行，但是这样做不仅会使你们夫妻相互依赖的关系受到伤害，而且会给撒旦留下破口。

《士师记》14章12-20节中参孙的故事就是一个很好的警示。参孙在自己的婚宴上与非利士人因为一个谜语而打赌，非利士人猜不出来，就暗地威胁参孙的新婚妻子，逼她去诓哄参孙道出谜底。参孙的妻子是个外表美丽却缺乏智慧的妇人，她没有将这件事情的真相告诉自己的丈夫，却慑于同族人的恫吓，在参孙面前啼哭七天，最终让参孙道出了谜底。当非利士人说出参孙的谜底时，参孙马上就意识到是妻子为对手欺骗了自己。参孙是个守信的人，所以立刻设法偿还了赌债。完事之后，他本应该到妻子那里，温柔地询问妻子这到底是怎么一回事，妻子一定会告诉她事情的缘由，这时候，他就可以诚恳地告诉自己的妻子："咱们俩才是一体，有什么为难的事情，你应该先告诉我。有我这样的勇士，非利士人万万不敢动你父亲家一根汗毛。幸好这次没有造成太大的伤害，以后可不要再犯如此低级的错误了。"如此讲完后，我想，他们夫妻之间的关系一定会比以前更加亲密、和谐。可是，参孙意气用事，在偿还了赌债之后，一赌气就撇下妻子，独自一人回了自己父母的家。结果，妻子在参孙离家的时候，跟了参孙结婚时的伴郎走了。

现代生活中，我们常常见到夫妻一吵架，妻子就赌气回娘家的情形。要知道，在婚姻关系中，较为多变的一般是男性。如果丈夫赌气撇下妻子，都会造成妻子的变心，那么，妻子赌气撇下丈夫，不是更容易造成丈夫变心了吗？不论两口子争吵得多么厉害，只要你不离开，就等于在告诉对方：我们还是一家人。如果你甩手就走，就是将阵地拱手让给撒旦，任由它在你们夫妻之间肆虐。

所以，发生争吵的时候，一方面自己不要离开，另一方面，也不要让对方离开。

有一对年轻夫妻一天半夜吵了起来，妻子气急了，扔下孩子就往外面跑，那时候孩子还不到一岁。丈夫抱起孩子，抢先一步用身子堵在门口，不让妻子开门出去。妻子疯狂地打他，甚至咬他，他却来个"我自岿然不动"。妻子无奈，只好作罢。后来两个人和解后，妻子对丈夫说："谢谢你那天晚上没有让我出去，你要是赌气让我走，我真不知道会发生什么事。"

第五，不离开父母，会影响夫妻间的磨合。新婚就像新车上路，需要"磨合期"。新车都是由新的零件组合而成的，所以不能载重过大，也不能跑得太快，必须轻车匀速工作一段时间，这就叫做"磨合"。磨合期之后，你多拉快跑就不会给车造成太大的伤害。不能因为工作多、时间紧，就让新车超负荷运载，那样会给车留下隐患。我们的婚姻也是如此。两个人二十几年都生活在完全不同的背景之下，一朝搬到一个屋檐下，每天朝夕相处、耳鬓厮磨，既有兴奋和快乐，同时肯定也会有许多摩擦。这都是正常的。

上帝在对以色列人的命令中说："新娶妻之人，不可从军出征，也不可托他办理什么公事，可以在家清闲一年，使他所娶的妻快活。"（申24：5）我们过去都认为国家的事再小也是大事，家里的事再大也是小事，但这只是从一般的角度、从身体安全的角度来说的。上帝对以色列人的要求不是这样，上帝是从灵魂和信仰的角度看问题的。国家再坚固，国民的灵魂堕落，这国也不会长久；国民灵魂健康，国家必定强盛，因为上帝祝福他们。

以色列从亡国到回归的历史告诉我们，以色列民被驱散到世界各国，长期生活在外邦人中间，却没有被当地的生活方式和信仰同化，还能够回归耶路撒冷寻求耶和华。这是为什么呢？因为他们虽然"国破"，却未"家亡"。尽管周围都是不信的人，他们不能够公开地敬拜耶和华、诵读上帝的话语，但是一旦进了自己的家门，他们就可以和家人一起敬拜上帝，并将信仰坚定地代代相传下去。上帝与亚伯拉罕、以撒、雅各所立的约就这样传承下来，且丝毫没有被篡改。所以，家庭是保持信仰纯正和坚固的最重要的渠道之一。我们常想到"大河有水小河满"，却忽视"涓涓细流汇成波涛汹涌的江河"。国是由家发展而来，国是家的延伸；家是国的基础，家庭和谐，国才能稳定。

既然家庭如此重要，那么家庭建立的最初阶段就越发被上帝所看重。在《申命记》的经文里，上帝所强调的就是新婚生活的重要性。上帝告诫他的选民：发生战争的时候，结婚多年已经有了后代的男人可以出征，没有结婚的青年男人可以出征，但是，刚刚结婚的男人，不能让他去打仗，也不能让他去办理公事。因为他要专心取悦新婚妻子，尽情享受上帝赐给他们的恩典，彼此加深了解，为今后婚姻的和谐打下牢固的基础。将来他们二人之间无论产生多么大的矛盾、冲突，这段刻骨铭心的美好回忆都会成为他们战胜这些困难的巨大动力。所以，连"公事"都不要干扰新婚的人。以色列人的"公事"是什么事情？就是在圣殿里侍奉上帝的事情。看，连上帝都为新婚的夫妻大开绿灯，我们怎么能怠慢？

"使他所娶的妻快活"就是说，他们必须学会如何调整自己，讨对方的喜悦，而不是只考虑自己的感受。"要让他在家清闲一年"是说，周围的人不要去打扰他们，也不要额外再给他们增加负荷。这里说的"负荷"是我们常见的，新婚夫妻都要面对很多复杂的事情和人际关系，比如：婚礼时会有许多人挑他们的礼数，这个不对、那个不妥，冷淡了这位、忽略了那位；婚后要走访众多的亲戚朋友还礼，稍有怠慢就会受到各方的批评指责；欠了一屁股的债，要努力加班挣钱还债，等等。所以，大多数办完婚礼的人都体会不到新婚的快乐，而是像打了一场仗一样，筋疲力尽，一点美好的感受都没有。除此之外，如果再加上要与一大家子人一起生活，几点睡觉、几点起床、谁做早餐、收拾碗筷、谁付钱等这么多的压力，蜜月里小两口不吵架才怪。一争吵，夫妻二人马上就会感叹：婚姻是爱情的坟墓，真是一点不假！

现在我们想想，如果战争都要给新婚夫妻让路，就更不要提亲属关系了。夫妻二人之间要磨合、调整，这已经是很困难的事情了，如果还要同时应付公公、婆婆、岳父、岳母、小姑、大舅这一大堆亲戚，就会加重夫妻二人在身心两方面所承受的压力，会给他们的磨合期带来多重阻碍。

第六，不离开父母，会对子女教育产生消极影响。 做儿女的结婚之后，可能贪图一时的安逸，想借助父母的房子或金钱来减轻自己的生活压力和负担，或希望父母能给自己看顾养育孩子，自己可以少负一些责任、多一些自由时间，因此选择和父母同住。那么，如果赶上做父母的正愁孤独难熬，愿意有个孙子孙女来解闷，这就好了，两厢情愿，一拍即合。虽然这么做可以解决许多眼前的困难，父母和儿女各得其"索"，然而，我们在前面的章节谈到过，家里不能有多个权柄，一个家里有两个家庭，对儿女或是对孙子孙女来说，都会有一些消极影响。

不离开父母，在孩子教育方面容易出问题。老人可能疼爱孙子、一味地迁就孙子，对儿女管教孙子横加干涉，把孙子娇惯得没有样子。我听到许多年轻父母跟我抱怨：不让孩子吃巧克力，爷爷奶奶偷偷给；一管教孩子，孩子就往爷爷奶奶怀里跑，爷爷奶奶马上说"看谁敢动我孙子"；你若坚持对孩子严厉一点，老人就寻死觅活的。

其实，小孩子也是有罪的，非常清楚谁是自己的保护伞，他们会利用父母和祖父母之间的不合来为自己谋求实惠。结果，小小年纪就学会左右逢源，甚至在家里有恃无恐，成了小皇帝。这种状况不仅影响孩子的品行，更会破坏年轻夫妻之间的关系、婆媳关系或岳母与女婿的关系。

而有的老人知道该如何管教孩子，但碍于儿女或儿媳、女婿的情面，难以坚持原则，只有作罢。

在教育孩子的问题上，年轻人同老一辈人肯定都自有一套理论，各持己见，不但易起争斗，而且常常使孙辈无所适从。我熟悉的一个家庭，奶奶总是怕孙子冻着，给他多穿衣服，而孩子妈妈是从西方留学回国的，学习西方的方式，尽可能让孩子少穿衣服。结果是两个人不停地争论。奶奶等妈妈一走，就给孩子加衣服，而妈妈一看见，就马上给孩子脱衣服。这一热一冷，孩子更容易感冒。一旦感冒，奶奶和妈妈就互相埋怨对方，婆媳关系更加恶化。

另外，幼儿理应由年轻的父母养育，而不应完全交给年老的祖父母养育。圣经中从来没有提出过，要由祖父、祖母代替父母来承担孩子的教养工作，这是上帝的安排。大家想一下：幼儿是常与朝气蓬勃的父母在一起好呢？还是常与暮气沉沉的祖父母在一起好呢？要知道，他们常与什么样的人在一起，就会受什么样的影响。

有一次，我听到一群年轻的妈妈带着自己的孩子在一起聊天，其中一个妈妈问另外一个："我怎么听你孩子说话的语气，总像东北老太太似的？"那个妈妈回答说："嗨，他一生下来，我们就从东北把他奶奶请来了，这不一直都由他奶奶带着么！"结果，人家说："我不是说他有口音，我是说这孩子小小年纪，却喜欢像老太太一样传闲话。"

你看，如果你的孩子每天都在听一帮老太太在一起张家长、李家短的，或者参加婆婆讨伐儿媳妇的"批判大会"，你能禁止这些接触什么就学什么的孩子们"传达会议精神"吗？我们常常看到有些孩子小小年纪就非常"世故"，这和他们所处的环境和接触的人当然有着直接的关系。

父母方面的因素

其实当孩子到该结婚的年龄，父母往往也才四五十岁，都还年轻，需要有个人空间，也需要有独立的婚姻爱情生活。所以，儿女的离开应该是他们第二次恋爱的开始。然而现实生活中，许多家庭中父母之间的感情本来就不太好，彼此之间很少沟通；或者是与儿女的关系大大好于他们彼此的关系。当儿女要结婚离开的时候，他们往往出于个人的考虑，觉得本来与自己关系亲密的儿女一走，只剩下自己和多年来无话可说的老伴，自己会倍加孤独，一想到这种毫无感情交流的生活状况就不寒而栗。所以，为保持自己已经习惯的家庭氛围，父母也常会千方百计地阻挠儿女的自立。

在很多家庭中，女儿结婚了，父亲还想对女儿进行控制。其实，结婚以后，父亲应该把女儿交给她的丈夫来负责，无论好歹全是丈夫的责任。父母应该明白（尤其是那些已经成为基督徒的父母），生命中的慰藉只有耶稣能够提供，要学会凡事依靠耶稣，而不是依靠儿女。

明智的父母也应该鼓励儿女结婚后独立生活。有操纵欲的父母会破坏儿女家庭的和睦，其实这并不是父母期望看到的情况，只不过是他们没有认识到这一问题的严重性罢了。再者，父母的婚姻生活，也同样不应该轻易被搅扰，或经常有其他关系介入。

那么，是不是说夫妻二人绝对不能和父母一起住呢？

不是的。如果某方父母丧偶后不打算再婚重组家庭，而且也不愿孤独生活，或不能独立生活，做儿女的有义务将自己的孤身老人接来同住。这时，夫妻二人要一同向父母表明，他们愿意孝敬父母、照顾父母、与父母共同生活，但是这个家庭要以他们夫妻的关系为核心，家里的"头"不再是父母，而是小夫妻中的丈夫。父母虽然年纪大，却不能比这个年轻的丈夫更有权柄。家里的事情，无论大事小事，夫妻都要做决定。过去父母是一家之主，年轻人在家里依靠父母，当然要父母说了算，但是，在新的家庭里，最终决定权在年轻的夫妻二人手中，妻子又要顺服丈夫。只要你们真正从心里孝敬父母、尊重父母，他们就会接受你们做家庭的主人，而且能尊重你们做出的决定。做父母的也必须按照圣经的教导来调整心态，顺服上帝的旨意。这样，无论是翁婿关系还是婆媳关系，处理起来都会容易得多。

即便夫妻与父母分开居住，却不断接受父母经济上的支持，或者让他们帮助解决自己生活中的一些压力（如将儿女交给父母抚养等），这仍然不能算第二次"剪断脐带"。年轻的夫妇一定要记住：挣多少钱就过多少钱的日子，所有的生活压力都是上帝允许的，借以锻炼你们的品格和意志，使你们尽快走向成熟老练。"啃老"会使你们永远长不大。

与妻子联合，成为一体

婚姻把夫妻二人紧紧连接在一起，你们不再是独立的两个人，而是"成为一体"，相互委身。记住：你们已经是一个人了，灵、魂、体三个部分都亲密相连。

夫妻只有在灵、魂、体三个方面都合而为一，方可体会到爱的真谛。很多人听说过"爱"的三个层次，分别是情欲之爱（Eros）、伴侣之爱（Phileo）和无条件的爱

（Agape），而这三个层次正是与我们的体、魂、灵——相对应的。下面我们对这三个层次的爱做一些分析。

情欲之爱	伴侣之爱	无条件的爱
肉体	心理	心灵
欲望之爱	友谊之爱	交托之爱
满足我的需要	满足你我的需要	满足你的需要
美貌/外形/性感	气质/内涵/思想	品格/灵性/信仰
感官	感觉	感悟
占有对方	双方互利	自我牺牲
索取	交换	给予
浪漫	投缘	奉献
有条件的爱	有弹性的爱	无条件的爱
短时间的	相对较长时间	一生之久

在希腊文中，Eros的意思是情欲之爱。这种爱感觉极好，有激情，伴有强烈的占有欲，却是基于感官的，因此也是不可靠的，是短暂的。世俗中所谓的"爱"一般只强调感觉，所以很容易像流行歌曲唱的那样："跟着感觉走，紧拉着梦的手。"凡跟着感觉走的人毫无疑问是在"梦游人生"，他们完全依靠肉体的情欲来走自己的人生道路，有热情就有爱，没有热情，爱就消失了。这充其量只能叫做"情"，而不是"爱"。中国有个成语叫"情不自禁"，而"情"的确常常不受控制。

Phileo则是指"魂"这个层次上的"伴侣之爱"。在这个层次的爱中，两人从思想上认识到婚姻和谐的重要，强调彼此间感情和友谊的培养，努力建立一种互相厮守、相依相伴的亲密关系。这种爱比单纯的情欲之爱会深刻一些、长久一些。基于这种爱的婚姻，也是社会上所谓比较美好的婚姻。但这种爱在许多方面也是建立在互惠互利、得失平衡、彼此提供安全感的基础之上的。如果说情欲之爱比较单一，只是男女在肉体上的相互吸引，因此容易断裂的话，那么伴侣之爱就相对丰富一些，以这种爱为基础的夫妻关系相应也会坚固得多。然而，一旦两人之间的互利平衡被打破，纽带就没有了，也许婚姻还会存在，两人的感情却会淡漠。也许对配偶不是很满意，又没有更好的解决方法，就得过且过；或是虽然有更喜欢的选择，但会受到周围人尤其是家人的批评和指责，丢面子很不值得，只好将就下去；或是虽然夫妻关系不和谐，但老夫老妻了，稳定更重要，勉强度日吧。所以，你可以看到，这基本还是在考虑利益问题。

再来看Agape，即无条件的爱、灵里相互交托的爱。这种爱是一种信仰，是以无条件地接纳对方为基础的。无论你今后变成什么样，衰老、病痛或残障，也无论你是否会误会我、轻视我、忽略我甚至伤害我，我都永远不改变我的初衷，一如既往地对待你。这就是基督的爱。

其实，夫妻之间应当兼有这三种爱，婚姻关系才是最美好的。三角形结构是最稳定的，这三种爱也是互为补充、缺一不可的：当伴侣关系不稳定时，性爱常常流于肤浅；当相互委身不够时，夫妻在性爱中就没有安全感，性生活就成为一种"应付"，而且双方都易受伤害；如果只有完全的委身、忠诚，却没有思想、情感上的沟通，没有性生活的和谐，即便婚姻很稳定，生活也会变得枯燥乏味。

当双方在灵、魂、体三个方面"成为一体"时，那种安全、忘我、水乳交融的绝妙感受，会使双方自然而然地产生对上帝美好创造的感恩之情。

二人既为一体，共同的信仰就是必要的。平时我们只能看到一个人的表面行为，但行为是由一个人的态度决定的，态度又是由价值观决定的，价值观又是由信仰决定的。所以，可以说决定我们行为的，是我们的信仰。《哥林多后书》6章14节说："你们和不信的原不相配，不要同负一轭。义与不义有什么相交呢？光明和黑暗有什么相通呢？基督和彼列有什么相和呢？信主的和不信主的有什么相干呢？"这里的意思是，我们是基督的门徒，不能跟着和我们信仰不同的人走。因为信仰不同，价值观就不同；价值观不同，对待同一事物的态度就不同；态度不同，所表现出来的行为就一定不同；如此一来，就会产生难以调和的冲突。正因如此，我们不能和信仰不同的人结婚。

那么，对于结婚之后一方才信主的夫妻来说，既然我们"二人成为一体"在前，"信与不信"的状况出现在后，我们就不能以"信与不信不能同负一轭"为理由而离婚，而是要用我们的新生命去影响那个还没有改变的生命。我们的另一半不信基督，常常是因为他们从我们身上看不到基督，当然更体会不到基督的爱。

我们需要谨慎，否则有时会很容易走入一个怪圈：信主之后便一头扎进神学研究之中，每天沉醉于夸夸其谈，或者一门心思投入教会事工当中，忽略了个人生命的改变。

著名牧师吉恩·盖茨（Gene Getz）说："查考圣经本身无法让人的灵命成长。事实上，如果我们不去践行圣经的教导，这教导便只能激发我们肉体的情欲。"知识和能力必须与品格搭配，才能产生真正的意义。

华理克（Rick Warren）："我认识一些最属肉体的基

督徒，他们真是圣经的宝库。他们能够解释圣经任何段落，辩论任何教义，却没有爱心，自以为是，又好论断。灵命成熟与骄傲是不可能同时发生的。只有知识的另一个危险是会增加责任。因为'人若知道行善，却不去行，这就是他的罪了'（雅4：17）。"圣经上也说："你们要结出果子来，与悔改的心相称。"（太3：8）

我在婚姻辅导工作中，不只听到一个不信的丈夫这样说过："自从我们家那口子信了基督，我就没老婆了，我又过上了单身汉的生活。孩子她也不管，我忙里忙外，又当爹又当妈，家里乱七八糟。她一个人信，就把我家弄成了这样，要是我再信，这家就完了。"不信的妻子则说："他成天在外面出风头，忙人家的事，在自己家里却是甩手大爷。我还是先别信了，就让他一个人折腾去吧！"大家看看，如果信主之后，我们的家里人没有从我们身上看到基督，说明我们的生命还没有什么明显改变。

基督信仰就是要给我们一个新生命，从里到外成为新人。"若有人在基督里，他就是新造的人，旧事已过，都变成新的了。"（林后5：17）信主以前我们活在罪中，但信主的那个时刻，我们认罪、悔改、接受耶稣进入我们的里面，由他来掌管我们的生命，"所以，我们藉着洗礼归入死，和他一同埋葬，原是叫我们一举一动有新生的样式，像基督藉着父的荣耀从死里复活一样"（罗6：4）。当我们有了生命的改变、活出基督的样式时，最先发现这一点的应该就是我们的配偶。我们如果对自己的配偶有一点包容、忍耐、关爱、原谅和牺牲，他就一定会感觉到，并且会受感动。

最近我听到一个见证，一个妻子信了主，可丈夫就是不相信，而且还极力反对。开始她很强硬，后来在兄弟姐妹的开导下，她开始按照圣经的教导，改变自己过去处处与丈夫相争的习惯，学习顺服的功课。丈夫不许她去教会，她就不去；丈夫骂她，她就祷告，而不是像以往那样与他对骂。丈夫问她为什么不还嘴，却祷告。她温柔地回答说："我要是不祷告，就没有力量忍耐你的辱骂。"说着，又笑着给丈夫端过去一杯水，说："你骂累了，喝一口水休息一下吧。"丈夫一看她真的和过去不一样了，就问她："你怎么会变成这样？"她说："我是从教会学来的。你要让我去教会，我会变得更好，给你一个好妻子，怎么样？"后来，丈夫真的不反对她去教会了，而且还鼓励她去。有一天，丈夫的一个同事跟他诉苦，说自己的妻子如何如何霸道，夫妻关系多么紧张，他都想离婚了。结果，这位丈夫竟然劝他说："嗨！你快叫你的老婆跟我老婆去教会信耶稣吧！信了就好了。"不久，两对夫妻一起到教会来了。你看，妻子生命改变了，为丈夫做了美好的见证，丈夫对教会的态度因此有了根本的改变。

所以，我们属灵不属灵，我们的配偶最有发言权。有一位老牧师去看望自己从前的学生，这学生已经在带领一个上千人的教会了。学生向老师汇报了自己教会的发展情况，然后问老师对自己灵命的成长是否满意，老师回答说："等我见到你妻子的时候就知道了。"

我发现自己常常会这样：在外工作越有成就感的时候，就对妻子的言行越敏感，回到家里越容易受到妻子的伤害。说白了吧，就是越发难以容忍妻子对自己的怠慢或不尊重。因为我常常想："唉！你就这样对待上帝忠心的仆人吗？难道你就不能这样这样一点或者那样那样一点吗？"尤其是讲座之后，若有听课的女士上来跟我询问如何面对逃避家庭责任或背叛爱情的丈夫，我就会想："啊，我从来不这样对待我的妻子，比起他们来，我可真是个好男人！"这时候我就更不能容忍妻子的不满和批评。为什么？因为我觉得自己已经是个相当不错的丈夫了，你还有什么不满意的？太不知足了！

有一次，我刚刚在外面做完一场婚姻讲座，反响非常热烈，我心情也非常好，很兴奋。结果，回到家里一看，到处乱七八糟、水池里堆放着没有洗的碗筷，我就有些不快，一边洗碗一边发牢骚："我在外面这么忙，你就不能把家弄得干净一点儿吗？"妻子当时就反驳了我几句。不一会儿，一来一往的牢骚就发展到攻击彼此的品格。我气冲冲地质问妻子："你说，我工作完了就做家务，哪个男人像我这样？我都做到这个份儿上了，要是别的女人早高兴得不知怎么好了！怎么你就是老对我不满意？"我妻子的回答是："那是因为别人都不知道，他们不如我了解你！"哇，这句话真是兜头给我一盆冰水，让我清醒了不少。

我认真一想，可不是吗？在众人面前，我穿着得体、举止得当、风度翩翩、咬文嚼字、引经据典、谈笑风生，总是把最好的一面展现出来。但是，当我回到家、脱去一切行头、完全放松下来的时候，我最真实的面目才完全显露出来，我才变成了真实的"我"。我们这完全真实的一面，只有配偶可以看到。派特·摩利（Patrick Morley）在他的《镜中的男人》一书中强调："在私人城堡关上门后的你，才是真正的你。"

我们无论做什么都瞒不过上帝，他连你的心思意念都知道。除了主以外，我想，其次了解我们的人就是配偶了。我们有什么弱点都瞒不过他们。其实，配偶就是上帝怕我们犯罪太多，而派在我们身边的监护人，我们却常常得罪他们。我们可以包容原谅教会中的弟兄姐妹，对自己的配偶却做不到；我们在众人面前表现得温文尔雅、谦恭大度，却常常在家里呼三喝四；我们在单位、公司、团队里是个很得民心的领导或骨干，在家里却是个失败的丈夫、不称职的父亲。

我们都觉得在外面比在家里更有成就感，因为在外面做事容易得到别人的称赞，而在家里，做得再多也很难听到配偶的称赞。因为很多人觉得，你是我老婆（老公），你这样做是应该的，没有必要称赞。

我们都觉得对自己的配偶说"对不起"是最难的。为什么？因为我们觉得，既然我们是夫妻，哪里还有那么多讲究？虽然我的确做错了，可你是我老婆（老公），有什么不能迁就的？你这样忍受、包容是应该的，所以我没必要道歉。

我们也都觉得对家人表达感谢最不容易。即使你帮助我、迁就我、关心我，那也是理所当然的事情，谁让你是我老婆（老公）呢？没有必要感谢。

正是这种种的"没必要"，导致我们在外面可以做到的很多事情，在家里却很难做到，因为做同样的事，在外面可以得到荣耀，在家里却得不到荣耀。如果我们真将配偶看成是上帝"钦差大臣"的话，我们对他们的态度肯定会大大改观。讨钦差大臣的喜悦，不就是讨王的喜悦吗？

上帝就是要用婚姻将夫妻两人捆绑在一起，像齿轮一样彼此磨合，好让我们越来越像上帝。你与其他人相处，若发生不愉快，可以随时分离。可是婚姻中的两个人不行，夫妻相处得再不愉快也不能分开。因此，这打磨的工作得以不断地继续下去。你看上帝是多么奇妙！

赤身露体并不羞耻

"赤身露体并不羞耻"有两个含义。

首先，它是指两个人之间的透明度极高，不能有任何隐藏。

夫妻关系应该是什么样的？应该是非常透明的。借用中国的成语"两小无猜"来说，就是夫妻应像两个小孩子一样，彼此之间没有任何的猜忌，而不是像一般人所说，婚姻中两个人各自有所保留、各有自己的隐私。已经成为一体的两个人可以有自己的隐私吗？当然，为了关爱和保护对方，而不得不对之保密的事情不能算为隐私（但是只有上帝可以鉴察我们的动机，判断我们到底是为了爱还是为了欺骗），除此以外，我们应坚决地说："不可以。"因为，必须隐瞒的事情，一定是不好的事情。

有隐私，就一定会带来彼此的猜疑；有猜疑，就没有安全感、没有信任；没有信任，就没有爱；没有爱，怎么能有正常的婚姻关系？

隐藏带来猜疑。关于这一点，我曾听一位小学校长讲过这样一个故事：有一次，一个小学班级正要上课，校长递给老师一个信封，老师自己看完里边的东西，就随手将信封放在讲台桌上，然后开始讲课。结果，整整一节课，全班三十多个学生的眼睛始终没有离开过这个信封。校长讲这个例子，是想说明这个老师缺乏教学经验。她应该在上课之前打开信封，让学生们知道里边的内容，是一封家信、一笔奖金、一张相片，还是考试题目？学生知道了里面的内容，就会专心听老师讲课，不再胡乱猜测。

夫妻各自有哪些人际关系，这些事两个人必须完全公开。如果我们向自己的配偶有意隐瞒某些关系，尤其是异性关系，对方就会像故事中这些小孩子一样，将自己的目光始终盯在这个焦点上。比如说，丈夫常常看到妻子和一个男人通电话，而妻子却从来没有向丈夫做出过任何解释，遇到这样的情况，丈夫们，你们睡得着觉吗？肯定是睡不着！再比如说，妻子好几次看到信箱里有写给丈夫的信，笔迹像是女人的字体，而落款总是内详。将信递给丈夫的时候，他总是不说话就将信揣在口袋里。遇到这样的情况，妻子们，你们有平安吗？没有平安！

同样是上面的情况，收信人或者接电话的人，如果是你的爸爸妈妈、儿子女儿、哥哥弟弟、姐姐妹妹，你都可以平静地面对。也许你会有点疑问，但不会如此牵肠挂肚、忧虑重重。但是涉及你的配偶时，你就会忐忑不安，这说明夫妻关系与其他任何的亲属关系都不一样。

因为除婚姻之外的任何人际关系，都可以是一对二或一对多的。你可以爱父亲也爱母亲，你可以同时照顾好几个孩子，你可以对两个哥哥、三个姐姐、四个弟弟、五个妹妹都一样好；然而，唯有夫妻关系必须是一对一的，我们绝对不能以同等态度对待其他人，否则就是淫乱。

"赤身露体并不羞耻"的第二个意思，是在讲夫妻性关系的圣洁。真是奇妙！男女二人唯有在夫妻关系中赤身露体相对时，才不会有羞耻感。因为两性之间身体的展露以及亲密的性关系，唯有在婚姻中才是美好而圣洁的。因其美好、圣洁，人当然就不会有羞耻感。而在夫妻关系之外的身体展露和性关系，都会让人有羞耻感。所以有婚外性行为的人都要偷偷摸摸的，不敢见人。

据此我们还可以得出这样的结论：我们不能轻易地将自己的身体向别人展露（游泳时和看病时除外）。如果将自己的身体在没有婚姻关系的异性面前展露，却没有羞耻感，就说明这个人的内心是污秽的。我们可以看一看，目前社会上打着各种幌子搞的一些选美比赛，无论是以什么冠冕堂皇的借口来进行，都是不符合上帝心意的。这些东西会给观看者带来诱惑和不圣洁的想法，所以我们理应回避。

第二章　婚姻的设立

第三章
婚姻中的秩序

从前面两章的内容中，我们已经清楚地知道，上帝让男人修理、看守上帝所创造的世界，又让女人做男人的助手。

现在，我们要特别强调婚姻中的次序问题。

> 我愿意你们知道，基督是各人的头，男人是女人的头，上帝是基督的头。（林前11：3）

在婚姻中上帝所设立的头是男人，故此丈夫要做妻子的头。妻子要像顺服基督那样顺服自己的丈夫，丈夫要像基督爱教会那样爱自己的妻子，夫妻二人相互依赖。这样的次序是一个极大的奥秘，预表基督和教会的关系。

秩序是一个"律"

> 太初有道，道与上帝同在，道就是上帝。这道太初与上帝同在。（约1：1）

"律"是上帝在创世之初就建立起来的，是不可改变的，也是永恒的。人是被造之物，没有任何能力去改变、否定或逃避这个"律"，只能逐渐地去认识它、遵循它。

这个世界就好比一个城市，上帝的律就是这个城市中的交通规则。有了交通规则，城市的交通才能够正常运转。你能想象一个没有交通规则的城市是什么样子吗？这样的城市，交通系统一定会瘫痪的。那么，有了交通规则，人们却不遵守时，这个城市会如何呢？必定也是混乱不堪。

交通规则的确是个约束，但是当每个人都自觉遵守时，大家都得到最大限度的个人自由——你想到哪里，就可以安全、畅通无阻地到那里去。反之，若是人人都强调要拥有绝对的个人自由、想怎么走就怎么走，结果所有人都会失去行动的自由。

律，看上去绝对是对我们的一种约束，根本目的却是为了让我们获得更大的自由。我们都渴望得到自由，但是在这个世界上没有绝对的自由。我们当然可以自由选择要做什么、不做什么，但是我们也必须面对这个选择的后果。

比如，你可以享有饮食的自由，想吃什么就吃什么，什么好吃就吃什么；但是，这种吃喝的自由，却有可能给你带来心血管病的问题，令你被疾病束缚。同样，你可以享有交通的自由，想怎么走就怎么走，不管什么交通信号、交通法规；但是，你可能会因此遭遇交通事故，也可能被开罚单。在两性关系上，你可以尽情去"自由"，但是，痛苦的婚姻甚至性病、艾滋病的问题你也是逃不开的。你可以享有不管教孩子的自由，但是，子女堕落、悖逆的时候，你也无法逃避这个苦果。

与此相对的是，如果我们自觉地接受约束，就会得到更大的自由：自觉节制饮食、锻炼身体，你就会身体健康，不受疾病辖制；自觉遵守交通法规，你就可以十分安全地自由往来，不受交通事故的威胁；自觉接受家庭责任，你就会享有幸福家庭生活，不受婚姻问题的困扰。

在西奈山上，上帝颁布律法给以色列人，并且告诫他们，他们若谨守遵行这律法，上帝就与他们同在，使他们可以在地上安然居住，免受四围敌人的搅扰，在世的日子也可以长久；反之，若以色列人悖逆上帝的律法，上帝的咒诅与管教就会临到他们，他们将会被赶出居住之地。《申命记》11章26-28节中，摩西临终前，把他一生所领悟的真理告诉以色列人："看哪，我今日将祝福与咒诅的话都陈明在你们面前。你们若听从耶和华你们上帝的诫命，就是我今日所吩咐你们的，就必蒙福；你们若不听从耶和华你们上帝的诫命，偏离我今日所吩咐你们的道，去侍奉你们素来所不认识的别神，就必受祸。"而以色列人的历史，就是悖逆、回转、再悖逆、再回转的历史。

上帝知道人靠自己不能完全守住律法，没有一个义人，连一个都没有，于是他就差派他的独生爱子耶稣道成肉身，亲自成全了全部律法。"律法的总结就是基督，使凡信他的都得着义。"（罗10：4）耶稣亲自打开了人与上帝和好的大门，借助他，人们可以坦然无惧地来到父神面前。"耶稣说：'我就是道路、真理、生命，若不藉着我，没有人能到父那里去。'"（约14：6）

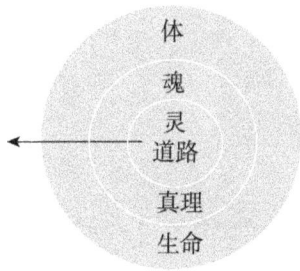

耶稣对人类的拯救是自内而外的

耶稣对人的拯救是自内而外的。人生命的核心是灵，"道路"是我们在灵里与上帝恢复关系的途径；灵的外面是魂，"真理"是我们魂里对上帝各方面典章、律例和智慧的认知；魂的外面是身体，"生命"是我们的身体活出的得胜的样式。

在现实生活中，我们都喜欢寻求道理、学习道理、讲道理，却很难活出新的生命。如果我们空谈属灵的道理，内心却没有被圣灵更新，就很难活出属基督的新生命来，就成了法利赛人，外面光鲜艳丽，里面却盛满了勒索和放荡。唯有洗净里面，外面也就自然干净了。所以，"活出生命"是我们信仰生活中面临的重要台阶。

基督"道成肉身"，就是生命的榜样，我们应效法耶稣，用生命来影响生命。"只是你们要行道，不要单单听道，自己欺哄自己。因为听道而不行道的，就像人对镜子看自己本来的面目，看见，走后，随即忘了他的相貌如何。惟有详细察看那全备、使人自由之律法的，并且时常如此，这人既不是听了就忘，乃是实在行出来，就在他所行的事上必然得福。"（雅1：22–25）

靠着这位改变我们身、心、灵的主，我们可以遵循他的"律"。

上帝为婚姻所定的秩序

婚姻中的秩序，就是上帝为婚姻所定的"律"，是上帝创造婚姻时预定的。婚姻中的男女必须有谦卑的心，敬畏并遵守上帝的旨意，绝不能想干什么就干什么，或以自己情况特殊为借口各行其是。

上帝创造婚姻，自有他的美意，他要通过"婚姻"这一美妙的关系，让我们切身体会到基督同教会的关系。圣经中不只一次地提到，基督是教会的新郎，教会是基督的新妇。如果你没有在婚姻关系中摆对自己的位置，你就很难对基督与教会的关系有深刻的认识；如果你没有在婚姻中建立起亲密的夫妻关系，你也很难对基督与教会的亲密关系有切身的体会。

上帝原本对婚姻中男女的安排是：丈夫做妻子的头，修理看守上帝所交托的产业；妻子做丈夫的助手，帮助自己的丈夫。丈夫爱妻子，为妻子舍己；妻子顺服丈夫，对丈夫表示尊重。我们在前面已经对此做了详尽的描述。

那么，如此清晰的次序是如何被打破的呢？

魔鬼撒旦搅乱了上帝所订立的秩序：蛇引诱女人吃了分别善恶树上的果子，从而掌控了女人；接着女人又去掌控男人，将果子给了男人，绊倒了他。

这一秩序被搅乱之后，世界就受到了诅咒，变得混乱不堪。婚姻关系首当其冲地遭到了破坏。所以，一切婚姻问题的主要原因就是秩序的混乱。圣经中明确规定了婚姻中的秩序：丈夫是妻子的"头"。自从亚当和夏娃受到魔鬼的试探、违背上帝的旨意、吃了分别善恶树上的果子之后，罪就进入人的生命，人们就走上了犯罪的道路。罪在婚姻中造成的次序混乱就是《创世记》3章16节所描述的："你必恋慕你丈夫，你丈夫必管辖你。"

注意，"恋慕"在这里不是"爱恋、羡慕"的意思。这是上帝给女人的诅咒，所以一定是个贬义词。恋慕其实就是"觊觎"，就是偷偷地惦记着本不属于自己的东西。比如，历史书上经常会提到某个大臣觊觎国王的王位，意思是他惦记着篡权夺位。本来，上帝创造的婚姻关系是非常和谐的，但是人类有罪之后，情况变了：做妻子的开始惦记丈夫的权利，想操纵自己的丈夫；而丈夫看到妻子向自己权柄发起挑战，就失去了安全感，并开始全力制服自己的妻子。所以，从那以后，上帝所设定的秩序遭到破坏，丈夫与妻子之间就开始了一场历时几千年的夺权与反夺权、掌控与反掌控的斗争。我们若想夫妻关系达到和谐、婚姻得到上帝的祝福，就必须恢复上帝当初为婚姻所设定的秩序。在恢复秩序的过程中，我们会遇到种种错误观念的挑战，而这些观念常常来自魔鬼撒旦。

揭穿撒旦的谎言

撒旦要诱惑婚姻中的男女破坏上帝所设定的秩序，为了达到这个目的，撒旦常用的谎言有以下几个，都是我们非常容易听信的。

谎言一：我们家里讲民主，所以我们家不需要头

"头"这个字眼指向权柄。这个世界上有没有一个团队或组织是没有"头"的？答案肯定是没有。我们把没有"头"的群体称为"乌合之众"，群龙无首就什么事情都干

不成。我曾经去一个装修队谈工程质量问题，见一帮工人围坐在那里，我过去问："你们谁是头儿？"他们互相看了一眼回答说："我们这儿没有头儿。有什么事情你就说吧。"我说："既然没有头儿，我跟谁说？没有头儿，就意味着没人承担责任，说了也没用。"

我们需要民主，但不能民主"过头"，任何一个两人以上的组合都需要"头"，也就是拥有最终拍板权的人。有权柄的人，要为其他人设定自由的界限并提供保护。有权柄才有次序，有次序大家才会有安全感，没有次序就会产生混乱。俗话说"山中无老虎，猴子称大王"，这句话从一个侧面告诉我们，任何一个国度都须臾不能没有权威者。而我们却错误地认为一个家庭是可以没有"头"。目前家庭当中非常普遍的情况，就是夫妻没有次序，父母在儿女面前互相驳斥对方的权柄："别听你爸的，他说的根本就不对！""不要信你妈的话，她什么都不懂。"

我们当着孩子或外人的面公开地否定对方的看法，显示自己不受控于对方，有自己的独立性。很多夫妻也会为生活中一些无关紧要的小事争论不休。这都会造成家里没有头的状况，绝对不是一个好的家庭生活模式。父母都不是头的时候，你家里的"猴子"（孩子）因为没有老虎，自然就成了你们家的"王"。

有的家长问我："我家里孩子才几岁就成了全家的霸王，没有人能管得了。我们怎么办？"我回答说："一方面是你们给惯的，更重要的是你们没有实施权柄，是你们自己彼此剥夺了权柄。"

现在，没有"头"的家庭真是太多了。

人天生的罪性就是要"偏行己路"，所以我们必须从小给孩子建立权柄的概念。你不可能将所有应该做的事情和不能做的事情都解释清楚，说出道理来，然后再付诸实施；而且，即便你解释得很精辟，他也可能不理解。有一位牧师叫孩子做一件事，孩子问他"为什么"，他回答说："你先去做，然后我再解释为什么。如果我先告诉你为什么，那么你是在表示同意，而不是顺服。"每当孩子对某些事情的决定表示异议的时候，权柄都会起到很重要的作用。比如，孩子对限制看电视规定不满，问妈妈为什么，在妈妈做出很多解释之后，如果孩子依然强行挑战规定，妈妈就可以亮出家里的权柄："爸爸说了，只能看半小时，你要听话。"

"不，我非要看不可。"

"爸爸说了不能看，就是不能看了。"

"为什么非要听爸爸的？"这就是孩子直接向权柄发起挑战了。

"因为爸爸是咱们家的头。"妈妈严肃地告诉孩子。

如此维护家庭的权柄，对帮助孩子认识权柄、尊重权柄是有积极意义的。所谓顺服权柄，就是指无条件执行命令。所以，我们的家庭一定要有"头"，有权柄、有次序、有归属感，这样，不仅家庭成员都会有安全感，而且孩子从小就懂得，人是需要顺服权柄的。否则，他们就会越来越无法无天。因为人的罪性就是让我们以自我为中心、任意妄为。

谎言二：夫妻都是头

很多人都有这样的观念："我们家里男女平等，我们俩都是头。"这话听起来很有道理，其实是谬解了"男女平等"的含义。

圣经强调次序，如果将两只手并排放在同一水平高度，你会发现，两只手的活动都受到限制，而且会发生碰撞。但是，一高一低放在两个水平，就不会碰撞，这就是次序。男女平等是说夫妻二人没有高低贵贱之分，在上帝的眼中看来具有同等的价值，但这不意味着没有秩序。

不论是机关、团体、公司，还是一个国家，我们想想，这些团体可不可以同时有两个头呢？两个总经理、两个队长、两个总裁、两个主席或者两个总统，会怎么样？如果真是两个的话，我们会看到什么局面呢？毋庸置疑，一定是分裂。当以色列国出现两个头（罗伯安和耶罗伯安）时，以色列分裂成为南国和北国，即犹大和以色列。上帝借着先知以西结预言："我要使他们在那地，在以色列山上成为一国，有一王作他们众民的王。他们不再为二国，决不再分为二国。"（结37：22）这就是告诉人们：一个国家要达到内部的合一，就必须只有一个头。

其实家庭也一样，如果两个人都是头，就一定出现纷争。即使平静，也一定是表面上的，两人心里还是在争斗。而且，如果你将一件东西交给两个人，让他们共享，你会发现那东西坏得很快；而一件事由两个人同时负责，就常常没有着落。这是因为双方都会强调自己在其中的权益，推卸自己应负的责任。圣经上说："若一国自相纷争，那国就站立不住；若一家自相纷争，那家就站立不住。"（可3：24–35）所以，一旦出现纷争，我们的家庭肯定要出问题。

上帝设立的婚姻次序是：男人是女人的头，所以，"一个家两个头"是不蒙上帝祝福的。

谎言三：谁能干谁是头

有的人说："我们知道家里必须有一个头，但不一定非得是丈夫。应该是谁聪明能干，谁就是头。如果丈夫比妻子有能力，当然丈夫就是头；但是如果妻子学历高、见识广，才思更加敏捷，那么就应该由妻子做头。"这话听起来似乎很在理，能者多劳嘛。我们不妨想想看，如果真是这样，家里会怎么样。

我们从"二桃杀三士"的故事讲起。春秋战国时齐王手下有三个勇士，依靠这三个勇士，他安定了天下。但是三个勇士手握重兵，他担心这三人割据一方，国家有可能出现四个首领。于是齐王想除掉这三人。可是，三个勇士情同手足，都有万夫不当之勇，实在不好下手。他的谋士晏子看出了国王的心思，于是对他说："我可以解除您的心头大患。"于是告诉齐王应如此这般。齐王依计而行，请三位勇士进宫，赏给他们两个桃子，却不说如何分，结果三个勇士之间发生纷争，全部自杀，齐王终于达到了自己的目的。

撒旦就像这个国王一样，用谎言欺骗我们，想让我们也像这三个勇士一样起争斗，可是上帝不愿意这样的事情发生。如果上帝不规定好谁做头，而是说"你们俩谁能干谁就当头"，我们的婚姻也会落到"二桃杀三士"的结果。其实现在很多的婚姻破裂，原因就在于此。为什么夫妻经常发生争斗？不就是因为各执一词、互不相让吗？

圣经说："在上有权柄的，人人当顺服他；因为没有权柄不是出于上帝的，凡掌权的都是上帝所命的。"（罗13：1）我们在前面的章节中已经阐明：上帝让男人修理看守，让女人做丈夫的助手。圣经说男人是女人的头，而不是相反，上帝希望我们尊重所有的权柄，首先在婚姻与家庭生活中不断地学习顺服的功课，而不是增长争斗的本领。

谎言四：谁地位高、会赚钱，谁是头

我在做婚姻辅导工作的时候，发现这种状况在社会上越来越多：妻子的社会地位更高，或者比丈夫更能赚钱，因此造成了次序混乱。这样的家庭中，丈夫可能更聪明、学历高、比妻子能干，但是妻子的工资比丈夫高，给家里带来的利益更多，更有势力。有的妻子下海做生意很成功，而丈夫虽有公职，挣得却没有妻子多，甚至丈夫下岗待业，基本没有收入。这样，妻子就会想：丈夫可能比我更有见识、有智慧，但是我给家里带来的利益多，我们家的收入都是我挣来的，自然我就应该更有话语权，难道我挣来的反要他来当家？太不公平！

我们都想要自己定义的"公平"。按势力说话，这种一切以利益为导向的次序，完全破坏了上帝所定的次序。

有一对老夫妻生了9个孩子，最小的闺女嫁给了某个高官，在全家人当中最有出息、最有势力、社会地位最高，给全家带来的利益也最多。所以，每次回家聚会的时候，小闺女自然就被簇拥着坐在最中间的座位上，全家的话题都离不开小闺女，做什么大决定都要由小闺女拍板。父母及众弟兄姐妹似乎也都觉得这是理所当然的事情，没有什么不对的。

这都体现了成王败寇、适者生存的价值观。

有人给我讲过一个真实的故事：一个有名的中学搞校庆，请来历届的毕业生，为要加强学生之间的联系。其中有一个学生做了官，官衔是历届学生中最高的，他来的时候，全体校领导都到门口迎接，并请他坐庆典会场的首席。这位高官环顾四周，认出许多过去的老师，随后问道："当初教我的某某老师为什么没有来？"校长回答："他已经退休了，身体不太好所以没有来。"高官说："快派人请他过来。"校长马上派车去接那位退休的老师。"老师，您的学生要见您，派我们来接您。"不料，那老师回答说："他是我的学生，学生不来看老师，反请老师去看学生，这成何体统？我不去！"

你们听了这个故事感觉怎么样？给我讲这故事的人告诉我，那天参加校庆的人都非常钦佩那老教师。我当时的感觉也是如此。然而，信主之后，我看到耶稣对待次序问题的态度，才认识到那位老师和高官学生的做法都不对。

圣经中记载了耶稣和施洗约翰的故事。当耶稣来到约旦河接受施洗约翰的洗礼时，耶稣的地位比约翰高多了，他是上帝的儿子、创造者，是万王之王、至圣至尊的那一位，所以无论从哪个方面来说，约翰都应谦卑地尊耶稣为大。然而，耶稣却因为约翰从肉身来说比自己先来到世界上，就放弃自己的地位和身份，降卑自己去尊重别人。他对约翰说："你暂且许我，因为我们理当这样尽诸般的义。"（太3：15）"义"，在这里有"礼节"的意思。耶稣就是这样为世人做谦卑的榜样。而从约翰这边看，他见到耶稣的时候，马上意识到面前这一位是弥赛亚，所以他自知自己连给耶稣系鞋带也不配，谦卑地说："我当受你的洗，你反倒上我这里来吗？"耶稣和约翰都是尊重对方、谦卑自己。

反观我们世人，常常仗着自己的势力来要求别人仰望、尊崇自己，高官学生和退休老师都以自己的地位为理由，强夺别人的尊重。相形之下，真是高下立见。那么，退休老师和高官学生究竟应该怎么做呢？圣经中有这样的先例，我们来看所罗门和他的母亲拔示巴是怎样处理这样的次序的：拔示巴去见所罗门的时候，所罗门先向母亲下拜，母子关系在先，他先向母亲行家庭之礼，然后所罗门坐回王位，让人在前面摆一张椅子请拔示巴坐，拔示巴再对所罗门行君臣之礼。什么场合有什么次序，"凡事都要规规矩矩地按着次序行"（林前14：40），不可造次。

所以，在家庭中丈夫永远是妻子的头，妻子就算赚了再多钱、社会地位再高，回到家里都要遵守家庭的次序。

谎言五：谁有发展前途谁是头

很多人都是这个态度：夫妻二人谁的发展前途更光明，我们家的生活就以谁为核心。换句话说，丈夫的仕途光明，以丈夫为核心是理所当然的了；反过来说，虽然丈夫比妻子有本事、有智慧，但是现在丈夫身体不行了、下岗了、退居二线了，而妻子势头正劲，前途一片光明，那当然应该以妻子为核心。谁更容易上去谁就先上去，然后大家都沾光嘛。

这些人不能明白，"各人偏行己路，各从各方求自己的利益"（赛56：11）是什么意思。

婚姻就像夫妻二人携手攀登一座高山，一路上要彼此搀扶和鼓励。忽然，一座大约两米多高的高台拦住了他们的去路，一个人先要将另外一个人推上去，然后上去的人再将下面的人拉上去，才能再一起前进。那么，我的问题是："你认为应该谁先推谁？是丈夫先推妻子呢？还是妻子先推丈夫呢？"

我们一般都认为丈夫力气大、妻子身体轻，丈夫在下面举起妻子很容易。那么，按照"谁更容易上去谁就先上去"的理论，多数人会选择丈夫先推妻子。结果会怎样呢？丈夫不太费力地将妻子推上去了，可是妻子反过来伸手去拉下面的丈夫，却因力气太小拉不动。我们只考虑到谁上去容易，却忽略了如何带动另一半的问题。屡次尝试失败之后，妻子会感到精疲力竭、无能为力。这时，站立在新的高度，妻子已经看到山顶的无限风光。一方面是奋力拉也拉不动的丈夫，另一方面又是辉煌灿烂的前途。对于任何一个人来说，上去后再下来都是很难的事情。在这种情况下，妻子最后不得不低下头来，对悬崖下的丈夫说："亲爱的，我真想拉你上来，但实在拉不动。如果你真的爱我的话……对不起！我们顶峰再见吧！一路走好！"

那么还有另一种选择，就是妻子先把丈夫推上去。这也分两种情况：一种情况是妻子力气小，推不上去。那么好吧，再另外去寻求别的道路，毕竟两个人还在一起。第二种情况是妻子拼命推丈夫的同时，丈夫也手脚并用地向上攀登，最后终于上去了。只要丈夫能上去，不费太大力气就可以将妻子拉上去。

这和我们现实生活中的的情况很相似。首先，丈夫的地位高了，妻子的地位就会高。人们会根据丈夫的身份和地位来接纳他的妻子，却不会根据妻子的身份和地位来看待她的丈夫。比如，一个男人被选为总统，他的妻子理所当然地成为全国的"第一夫人"，有人质疑吗？没有。没有人会说："她凭什么是第一夫人？她又没有经过民众的选举。"无论他的妻子相貌如何、能力如何，全国人都会无条件接纳。设想一下，如果他的妻子是个无能、老迈甚至残障的女人，民众会因此而小看、嘲笑总统吗？我看不但不会，反而会对总统更加钦佩。相反，如果丈夫到了高位，却不将妻子带到同样高的位置，则会被人指责为"陈世美"。

但是，当一个女人身居高位的时候，要把她的丈夫带到高位是非常困难的。她的丈夫若不是因为他自己，而是因为他妻子才得以进入这一阶层，周围的人会以一种挑战的、鄙视的眼光去看他。无论这个女人有多么坚定的意愿要对抗这种压力，最后都会功亏一篑。结果不是与丈夫分离，自己单独拼闯一番，就是二人一同回到原来的圈子里。

而且我相信，大多数男人会认为，"成功女人的丈夫"这个角色很不够"男人"。即便可以不费吹灰之力地进入上层社会，男人仍然不愿意充当这样的角色。

或许有人认为这是社会的偏见，其实不然。这种状况是历史性和全球性的，是很自然的。既然是自然的情况，那么就一定有规律在里面。其实，这种情况还揭示了一个属灵原则：丈夫预表基督，妻子预表教会。我们在这里问一个神学的问题：若没有耶稣基督，上帝能不能接纳教会？或者说，教会能不能接近上帝？回答是否定的。

有人会提出质疑。上帝如此爱世人，怎么能不接纳教会呢？为什么？因为上帝是全然圣洁的，我们只是因信称义，不是真的义人。"因信称义"是指，上帝把我们看成圣洁的，但教会并不是真的圣洁，而是有瑕疵的。我们都是有罪的，教会里必定也是有许多罪的存在，所以上帝不能直接接纳我们。然而，上帝接纳他的独生子耶稣基督，教会又是基督的新妇，所以，在那末后的日子里，当上帝接纳他的独生子耶稣基督的时候，就连同我们一起接纳了。基督遮盖了教会的罪和瑕疵，所以教会才会为上帝所接纳。

这就好比一个乡镇，镇上有个大户人家，女孩子都想成为这家中的一员。可是她们谁都进不去，即便进去了，主人也不接纳。只有一条道路可以帮助这些女孩子梦想成真，那就是嫁给这家的儿子，成为他家的儿媳妇。当你成为他家儿媳妇的时候，你就可以昂首挺胸地走进他家的大门。这就是我们得救的唯一途径——归于主基督耶稣，成为他的新妇。因为丈夫在哪里，妻子就必然在哪里。我们是基督的新妇，所以基督到哪里，我们也必然要到哪里。

在中国传统中，儿媳的地位高于女儿，儿媳妇进到大户人家，虽然她本身可能家境贫寒，但是因为丈夫的地位很高，自然她就升到和丈夫一样的地位，高于大姑子、小姑子。如果一个家庭里有一个传家宝，而这个家庭里只剩下儿媳和女儿，按照中国的礼俗，传家宝必须给儿媳而不能给女儿，因为这个家庭的祝福是从儿媳妇传递下去的。女儿在中国传统中被看成外姓人，看称呼就可以得知，女方的亲戚会被称作外公、外婆、外甥、外舅等。所以，传家宝如果给了女儿就相当于给了外人。

圣经上也记载："祭司的女儿若嫁外人，就不可吃举祭的圣物。但祭司的女儿若是寡妇，或是被休的，没有孩子，又归回父家，与她青年一样，就可以吃他父亲的食物；只是外人不可吃。"（利22：12-13）当时在以色列人中，只有祭司家里的人才能吃祭物，连家里的奴仆都可以吃，但祭司的亲生女儿有没有吃的资格则要看情况。从《利未记》对祭司女儿吃祭物的要求来看，我们可以得知女人的地位是随男人而变化的：没结婚时，她是某男人的女儿；结婚后，她就成为某男人的妻子；丈夫去世或离婚后，如没有孩子，她可以恢复某人女儿的身份；但是若已生了孩子，或者怀了孩子，那么她就成了某人的母亲，又不能吃祭物了。

在旧约中，男人若许愿或起誓，就要承担责任不可悔改，而女人许愿或起誓，则需权柄的遮盖。《民数记》30章1-2节说："摩西晓谕以色列各支派的首领说：'耶和华所吩咐的乃是这样：人若向耶和华许愿或起誓，要约束自己，就不可食言，必要按口中所出的一切话行。'"

其中，未出嫁的女人由父亲遮盖："女子年幼还在父家的时候，若向耶和华许愿要约束自己，她父亲也听见她所许的愿，并约束自己的话，却向她默默不言，她所许的愿并约束自己的话就都要为定；但她父亲听见的日子，若不应承，她所许的愿和约束自己的话，就都不得为定。耶和华也必赦免她，因为她父亲不应承。"（民30：3-5）

而结婚之后的女人由丈夫遮盖："她若出了嫁，有愿在身，或是口中出了约束自己的冒失话，她丈夫听见的日子，却向她默默不言，她所许的愿，并约束自己的话，就都要为定。但她丈夫听见的日子，若不应承，就算废了她所许的愿和她出口约束自己的冒失话。耶和华也必赦免她。"（民30：6-8）

丈夫若死去或他们离婚了，则由自己负责："寡妇或是被休的妇人所许的愿，就是她约束自己的话，都要为定。她若在丈夫家里许了愿或起了誓约束自己，丈夫听见却向她默默不言，也没有不应承，她所许的愿并约束自己的话，就都要为定；丈夫听见的日子，若把这两样全废了，妇人口中所许的愿，或是约束自己的话，就都不得为定，因她丈夫已经把这两样废了；耶和华也必赦免她。凡她所许的愿和刻苦约束自己所起的誓，她丈夫可以坚定，也可以废去。倘若她丈夫天天向她默默不言，就算是坚定她所许的愿和约束自己的话，因丈夫听见的日子向她默默不言，就使这两样坚定；但她丈夫听见以后，若使这两样全废了，就要担当妇人的罪孽。这是丈夫待妻子，父亲待女儿，女儿年幼还在父家，耶和华所吩咐摩西的律例。"（民30：9-16）

这些经文总意是说，女人起誓之后立刻被丈夫（已婚）或父亲（未嫁、丧夫、离异）听到，丈夫或者父亲没有言语，就表明誓言是有效的，但是如果丈夫或者父亲反对，那么誓言就无效。这就是说，女人需要男人的遮盖。

在婚礼上，父亲挽着女儿的手一起走红地毯，行至地毯的尽头，将女儿交给新郎，这表明遮盖的权柄由父亲移交给丈夫，结婚后父亲对女儿就没有权柄了。如果丈夫死了，妻子的晚年就要靠儿子来遮盖。

所以说，婚姻中的男女次序体现了上帝的旨意，有深刻的道理，不可以随便乱来的。

第四章
妻子的角色

上帝不但为婚姻定下了美好的秩序，还明确地对男人和女人提出了要求，指出他们在婚姻中分别要担任的职责。无论男人还是女人，我们都当知道，这样的要求是出于上帝对我们的爱，这样的职责是上帝赋予我们的神圣职责。只有了解上帝对我们的要求并承担起相应的责任，我们才能回归上帝造我们的最初目的，并享受到上帝通过婚姻赐给我们的福分。

圣经对女人的要求

又愿女人廉耻、自守，以正派衣裳为妆饰，不以编发、黄金、珍珠，和贵价的衣裳为妆饰；只要有善行，这才与自称是敬神的女人相宜。女人要沉静学道，一味的顺服。我不许女人讲道，也不许她辖管男人，只要沉静。因为先造的是亚当，后造的是夏娃，且不是亚当被引诱，乃是女人被引诱，陷在罪里。然而，女人若常存信心、爱心，又圣洁自守，就必在生产上得救。（提前2：9-15）

你们不要以外面的辫头发、戴金饰、穿美衣为妆饰，只要以里面存着长久温柔、安静的心为妆饰，这在上帝面前是极宝贵的。因为古时仰赖上帝的圣洁妇人，正是以此为妆饰，顺服自己的丈夫，就如撒拉听从亚伯拉罕，称他为主。你们若行善，不因恐吓而害

怕，便是撒拉的女儿了。（彼前3：3-6）

比较早期教会的两大使徒保罗和彼得所写的这两段经文，我们可以看到他们对女人的三个要求是完全相同的：第一，打扮要正派；第二，要沉静、温柔、顺服；第三，要行善。

打扮要正派

保罗和彼得一开始就提出了对女人打扮的要求，并把这与"廉耻、自守"联结在一起，可见穿着打扮对一个女人来说很重要。上帝赐给女人爱美之心，因此女人天性爱美无可厚非。但重要的是，女人要追求合乎上帝喜悦的"美"。

穿着打扮反映了一个人的价值取向，甚至某些内在的品格。作为一个已婚的女人，她的装扮更多应该是为了取悦自己的丈夫，而不是别的异性。而对于未婚的女人，她的装扮则表现出她希望吸引什么样的男人。目前我们在社会上看到的情形是，很多女人，无论已婚还是未婚，穿着都很暴露、很张扬，这无异于向异性发出挑逗的信息，不仅给人以"不自重、轻浮"的感觉，还会引火烧身。的确，性犯罪的统计数据也证实：穿着性感、暴露的女性遭受性攻击的几率大大高于普通女性，因男人主要是通过视觉刺激引发性欲的。可见，端庄正派的打扮显示了一个女人的自重、廉耻、自守，会让周围的男性"肃然起敬"，不致产生"非分之想"，这实际上是女人的一种自我保护。

> 我心所爱的啊，求你告诉我，你在何处牧羊？晌午在何处使羊歇卧？我何必在你同伴的羊群

旁边，好像蒙着脸的人呢？（歌1：7）

在这节经文中，"蒙着脸的人"是指妓女。女孩子情窦初开的时候，都会在内心问这样的问题："我的白马王子，你到底在哪里？"一旦这个女人确信上帝已经为她预备了另一半，她就会耐心安静等待上帝的带领，并只将自己的女性魅力展现给"我所心爱的"——那个毕生都委身于自己的男人，而不会用自己的魅力去讨好"你同伴"——与自己不相干的男人。中国有句俗话说"女为悦己者容"，就是说女人只为那个悦纳自己并钟情于自己的丈夫去梳妆打扮。但是更多女人没有这样的信心，不能安静地等待另一半的出现，也无法委身于自己的丈夫，而是在众多男人面前卖弄姿色，看哪个男人被自己吸引，给自己带来更多的切身利益。这样的态度与妓女无异，是以美色推销自己，并提高交易的价码。所以说，无论已婚或未婚，女人外出时打扮太性感，实际上是一种心理的不洁。

而且，在外表的美丽和心灵的美丽之间，上帝更看重心灵的美丽。圣经中说："妇女美貌而无见识，如同金环带在猪鼻上。"（箴11：22）如果女人没有心灵的美善，相貌越美，形成的反差就越大，也越让人感到不舒服。

要沉静、温柔、顺服

沉静、温柔、顺服对女人至关重要，因为一个女人对丈夫、对家庭、对社会都有着巨大的影响力，有好品格的女人会造福众人，相反则会贻害无穷。从《创世记》3章中我们可以知道，虽然上帝先造的是亚当，后造的是夏娃，但先犯罪的并不是亚当，而是夏娃。是女人先被引诱，陷在罪里。女人被造本来是为了帮助男人，但是，在撒旦的诱惑下，女人首先违反了上帝所设定的"男人是头"的秩序，在没有征求丈夫意见的情况下，听从了撒旦的引诱，自作主张偷吃了分别善恶树上的果子，并反过来把丈夫乃至全人类都拖入了罪中。因此，沉静、温柔、顺服的品德对女人而言相当重要。

现今太多婚姻破裂，这应该让我们认识到：没有秩序的平等就等于争斗，唯有在秩序中的平等才和谐、稳定。现代的女人从小被教导"男女各顶半边天"，这纵然有好的一面，就是女人从过去被压迫的境况中解放出来，尤其是在精神方面争取到了自身的权利；但许多人片面地理解了"平等"，以为男人干的所有事，女人都应该去干，这就"解放"过头了。尤其是，在"女权主义"大旗的指挥下，很多"女强人"、"女超人"应运而生。这些女人太能干了，处处不分青红皂白地争强好胜，趋于男性化，失去了女人应有的温柔、安静、顺服等美德。

我国古代对女人的管辖虽有许多不合理之处，但那时的女孩从小开始就被教导要做一个安静、温柔、顺服的女人，因此，过去的男女虽然不能自由恋爱，婚姻却很稳固。现在的社会基本摒弃了对女孩这方面的教导和培养，女孩从小对自己应该成为什么样的女人没有多少概念，也不太清楚对一个女人来说什么样的品德是好的，甚至很多女孩以把自己打扮得像男人为美，性格也越来越趋于男性化。这是女人的不幸，也是社会的不幸。现在人们都是自由恋爱，生活条件也比过去好了不知多少倍，可离婚率也高了很多倍，这是有目共睹的事实。

　　作为上帝的儿女，我们要致力于使更多的家庭回归圣经的价值观，这就需要我们从教会做起、从家庭做起。教会要敢于宣扬这方面的真理，对姊妹们倡导安静、顺服的美德，而在家庭中，我们要从小培养女孩子安静、顺服的品格。

　　在顺服方面，上帝为女人设立了榜样——像撒拉那样顺服。撒拉对丈夫亚伯拉罕无条件顺服，的确是所有女人学习的榜样。姊妹们，你们也当学撒拉，回到圣经的价值观中，重拾上帝造女人的目的，做一个讨上帝喜悦的真女人，成为周围女人的榜样。

要行善

　　男人要有责任心，女人要有爱心，这两样分别是男人和女人最为重要的特质。女人不但要行善，还要学习低调地、安安静静地行善，做了好事也不张扬。因为在人前得奖赏，在上帝那里就得不着了。

婚姻中妻子的职责

　　圣经对婚姻关系中妻子的要求是：妻子要像教会顺服基督那样顺服自己的丈夫。《以弗所书》5章22-24节和33节清楚地表明了这项原则：

你们作妻子的，当顺服自己的丈夫，如同顺服主；因为丈夫是妻子的头，如同基督是教会的头，他又是教会全体的救主。教会怎样顺服基督，妻子也要怎样凡事顺服丈夫……妻子也当敬重她的丈夫。

顺服的含义就是对上帝所制定的秩序表示认同并遵守。宇宙万物中充满着秩序，婚姻更不例外。人类不能破坏上帝所定的秩序，只能认识它并遵守它。

妻子顺服丈夫是基督的命令

虽然在四福音书中，耶稣没有亲口说妻子要顺服丈夫，但是，保罗在《哥林多前书》14章37–38节中，在强调妇女的顺服之后，明确指出："若有人以为自己是先知，或是属灵的，就该知道，我所写给你们的是主的命令。"保罗的意思是：主虽然没有直接说过妻子要顺服丈夫，也没有明确说女人在会众面前应当如何顺服，但是圣灵会清楚地指示你们，我所说的这番话不是出于我自己，乃是出于主的旨意。既然是主的旨意，你们就必须遵守。

妻子不可说："我爱主，愿意听主的命令，但我不爱我丈夫，因此不愿听他的话。"这是不行的。主说："你们若爱我，就必遵守我的命令。"（约14：15）顺服丈夫是主的命令，妻子们若爱主就当遵守主的命令。

顺服的女人比马利亚更有福

> 耶稣正说这话的时候，众人中间有一个女人大声说："怀你胎的和乳养你的有福了。"耶稣说："是，却还不如听上帝之道而遵守的人有福。"（路11：27-28）

普天下凡信奉基督的女人都认为，没有比圣母马利亚更有福气的女人了，连天使都称她为"蒙大恩的女子"（路1：8）。所以，当耶稣教训人的时候，有女人大声地为此而感叹，羡慕马利亚的福气。但是，耶稣在赞同她的说法之后，随即告诉她：听上帝的道并且遵守的人，会比马利亚更加有福！这是他亲口给我们的应许。

姐妹们，你们是恩典时代的女子，听的道要比马利亚还多，而且当时的人们根本无法拥有圣经，我们今天却人手一册。如果只是听道而不去遵行，你们还是得不到这福气；而当你们听到上帝的道、又肯认真去遵守时，你们的福气就会比马利亚所得的还要大。

很多做妻子的其实都明白这个道理，但在教会中我们很难看到真正顺服丈夫的妻子，在不信的人当中就更是凤毛麟角了。在过去的封建社会里，社会采用强制的手段逼迫女人顺服自己的丈夫，以维护家庭的秩序，其结果是妇女的地位低下、没有独立人格、完全依附于男人而活。在那种情况下，女人的天赋、潜能以及性情都受到极大的压抑，这种做法违背上帝当初创造婚姻时的美好初衷，不符合圣经原则。

当代社会针对这方面进行调整的做法，又走向另一个极端——过度鼓励女人与丈夫抗争，企图通过加强女人的独立性来恢复并提高妇女在家庭中和社会上的地位。其结果是妇女有了独立生活的能力，地位似乎提高了，但是婚姻关系失调。因为没有秩序必然带来混乱，混乱就不和谐，就会失调。

婚姻不是把两个互相独立的个体简单组合在一起，而是要按照圣经的原则，建立一个既有秩序又和谐的合一的关系。婚姻里的其他问题，丈夫、妻子各有自己要担负的责任，而在秩序问题上，妻子对顺服的认识却是更加关键的。在一个群体中，如果副手自动摆正自己的位置，次序就比较容易保持正常；而当副手向"头"发起挑战，"头"所采取的对应措施，常常不是镇压就是逃避，这两样都不是妻子想要的。

由于这些历史原因，再加上人的软弱，使得妻子们在日常生活中在顺服丈夫这一方面存在很多的困惑和挑战。

常见的挑战

挑战一：我丈夫不信主（或属灵程度不高），我也要顺服吗？

可能有的妻子会说："我愿意顺服基督，但我丈夫不太属灵，我不愿意顺服他。"

你认为自己爱主，可是不遵守基督的命令，怎么能说你爱主呢？在基督的眼里，最爱他的人就是最遵守他命令的人。要遵守他的命令，首先要弄清楚他的命令。

圣经让妻子"要顺服自己的丈夫",不是让妻子只顺服"信主"的丈夫。保罗说:"你们作妻子的,当顺服自己的丈夫,如同顺服主。"(弗5:22)彼得说:"你们作妻子的要顺服自己的丈夫,这样,若有不信从道理的丈夫,他们虽然不听道,也可以因妻子的品行被感化过来。"(彼前3:1-2)

保罗和彼得没有说"你们要顺服信主的丈夫",也没有说"你们要等丈夫信主之后再顺服他",也没有说"你们要顺服比你们灵命好的丈夫",而是说"你们作妻子的,要顺服自己的丈夫"。保罗和彼得是否考虑到了丈夫不信主的家庭?他们写这条属灵原则的时候是否忽略了这一情况?绝对不会!因为我们知道,圣经都是上帝所默示的,这些话是圣灵带领保罗和彼得所写的,是上帝借着保罗和彼得的口向人们传达他自己所设定的律例。上帝的律例没有盲点。而且,彼得在上面这段经文中特别强调"若有不信从道理的丈夫",这足以清楚地表明,他已经将丈夫不信主的情况考虑到了。

一般来说,妻子对基督的真理认识越深刻、生命越成熟,对圣经的教导就越深信不疑,当然也就越会重视顺服的功课。有的妻子说:"我丈夫说得对,我就顺服,说得不对,我就不顺服。"然而,我们必须看到,绝大多数情况下,引起夫妻之间冲突的基本上都不是什么原则性问题。争斗中的夫妻数算对方罪恶的时候,外人很难辨别出到底谁对谁错。一般引起争端的都是家庭琐事:对待老人的态度、教育孩子的方法、用水用电的习惯、怎么花钱、说话的口气,等等。俗话说"公说公有理,婆说婆有理"、"清官难断家务事",意思就是当婚姻中的男女都摆自己的道理时,连包青天都断不出来谁对谁错。

所以保罗说："教会怎样顺服基督，妻子也要怎样凡事顺服丈夫。""顺服丈夫"不是妻子愿不愿意的问题，也不能从自己的角度或用个人标准衡量丈夫对与不对。夫妻之间有不同意见时，妻子可以说明自己的意见，甚至在坚持自己的意见时表现得有一些过激都可以理解，但是，她应将最后的决定权交给自己的丈夫，因为丈夫是在上帝面前承担"修理看守"职责的人，他是你家里向上帝交账的"法人代表"。当你顺服的时候，实际上不只是在顺服丈夫，而是在顺服基督的命令。

挑战二：他让我干坏事我也要顺服吗？

有的妻子会问："要是我丈夫让我干坏事，我也要顺服吗？他叫我杀人，我就给他递刀子？"许多妻子听到"顺服"的教导时，都有这种反应。

提出这样问题的妻子一般有两种心态。一是以此作为借口来抵挡这一教导。这种人的想法是：我知道你的回答肯定是"不可以"，这样我就可以否定"凡事顺服"的原则，只要我认为丈夫不对就可以不顺服。还有一种心态是用不负责任的盲从来消极抵抗。这种人的想法是，你叫我顺服丈夫，好，我就不问青红皂白都按着他说的做，出了问题我可不负责任。

以为顺服丈夫就是不辨是非地听从丈夫，这叫做"律法主义"。举个例子吧。我们教导大家都要遵守交通规则，红灯停、绿灯行，这肯定是没错的。交规的制定是出于对我们的爱，目的是保障人身安全，所以我们要严格遵守交通规则。但是，假如某人看见一个孩子在马路中间玩耍，马上就要被汽车撞到了，他不但不去救援，还理直气壮地指着交通灯说"你看，现在是红灯，我不能违反规则"，于是眼睁睁地看着孩子被车撞死，这就太"律法主义"了吧！

同样的情况，其他人可能会奋不顾身冲上去，将孩子从车轮下解救出来。这样做是闯了红灯，而且可能还是逆行，多方面违反交通规则，所以这个人很有可能会被撞伤甚至撞死——汽车不会因为他舍己救人就从他身上跳过去。那么，试问：上帝会悦纳哪一个人的做法？毫无疑问，是后者。因为前者就是律法主义者，以上帝为爱而设的律法为借口，逃避爱的行动。

其实，上帝律法的总纲就是爱，爱可以超越一切的律法：

> 圣灵所结的果子，就是仁爱、喜乐、和平、忍耐、恩慈、良善、信实、温柔、节制，这样的事，没有律法禁止。（加5：22）

我不禁要问：如果丈夫杀人，你给他递刀子，如果丈夫让你贩卖毒品、走私、传销、做假账，你也一味地顺从他，那么，你是在爱他还是害他？毫无疑问，这样做不仅仅是害他，也是害自己。丈夫要做这样的恶事，那一定是被撒旦所掌控了。做妻子的面对这种状况时，问题就不是顺服不顺服了，而是如何阻止他。如果你真爱自己丈夫的话，当然不会任凭他走向这条死路。

回过头来说，现实中，又有多少夫妻失和的案例，是由于丈夫让妻子做坏事、妻子没顺服而引起的呢？在所有离婚的夫妻中占百分之几？我看几千例中也不见得有一例。我做婚姻家庭工作有十年了，遇到过各种各样婚姻破裂的案例，但这样的事还没遇到过一例。

所以，一般使用这种极端的情况来向"顺服"的原则发难的妻子，大都不是真的有疑问，而是还没有预备好一颗顺服的心。也就是说，她还没有真正从心里转变过来，还在进行着灵里的挣扎，还在为自己的骄傲找借口。这就好比一个得了肥胖症的病人，当医生劝告他要节制饮食来恢复体形时，他反问医生："要是我饿死了怎么办？"用这样极端的情况来挑战医生，实际上说明他没有真正谦卑下来，接受医生的建议，去改变自己的生活方式。

那么，现实生活中到底有没有这种丈夫让妻子做坏事的事情发生呢？当然会有。如果丈夫真的让妻子做一些违法的事情，妻子就要极力劝阻丈夫，因为妻子是帮助者。但是，我建议：在这样的时候，妻子们千万不要凭着血气去拦阻，而是要祈求上帝赐给你温柔的言语、合宜的态度、智慧的方法去劝说他。若你真的遇到这样的试探，上帝必会给你开一条路。问题是，在这紧要的关头，你是否真的呼求上帝、依靠上帝。

在这方面，妻子常犯的错误是，由于对丈夫的举动感到十分厌恶和恼火，火气一下子就爆发了。当初使徒们对耶稣的态度更令人难以接受，但基督总是带着爱心教导、劝慰。记住，若你觉得丈夫的所作所为让你难以忍受，这是撒旦在试探你，是灵里的争战。撒旦希望你们情绪失控、彼此伤害，以此达到破坏你们感情的目的。所以，这时候做妻子的一定要迫切祷告，求圣灵给你冷静的头脑，以及控制怒气的能力。《哥林多前书》10章13节说得非常清楚："你们所遇见的试探，无非是人所能受的。上帝是信实的，必不叫你们受试探过于所能受的。在受试探的时候，总要给你们开一条出路，叫你们能忍受得住。"

挑战三：我的丈夫不让我信耶稣、参加聚会，我也要顺服吗？

这可是个原则性问题，比上面的问题更尖锐。我们在实际生活中接触到许多这样的案例，比如丈夫不让妻子信主、不许她参加聚会等。从表面上看，这似乎涉及原则问题，我们必须小心谨慎地处理。事情到了这样的地步，通常都不是偶然的，往往是由于夫妻以前在其他方面众多非原则性的冲突累积而成的，以至于两个人开始针锋相对、水火不容。在这样的情况下，也许丈夫反对的是你要做的所有事情，而不一定是针对基督信仰。即使有些是针对基督信仰，也有可能是因为妻子生命的成熟度还不高，在不信主的丈夫面前还没有好的见证，致使他们对基督信仰产生了误解。

我在某地教会听到过一个不荣耀上帝的反面见证：一个妻子过去在家里是头，丈夫很怕她，事事都依她。后来妻子信了基督，有了很多改变，丈夫喜出望外之余就积极鼓励妻子多去教会。由于这位妻子信主时间不长，以为越多去教会就越爱主，于是大发热心，每天都泡在教会，家里的事情都推给了丈夫，连孩子都不管了。丈夫不仅在家里又做爹又做娘，在要求与妻子同房的时候还多次遭到拒绝。开始丈夫还能忍受，但是后来对这种情况越来越不满，逐渐发展到动手打妻子、禁止妻子去教会的地步，甚至不许她信基督，否则就要离婚。妻子到教会一说，弟兄姐妹们不加分析就说这是撒旦借着丈夫来搅扰她，都鼓励她坚持与丈夫抗争，并出主意帮助她与丈夫周旋。丈夫找到教会要人，众姐妹竟然将人藏起来，对她的丈夫说："她没有来，我们没看见。"

你们看，这是好的见证吗？基督徒能撒谎吗？这样做是促进家庭和谐还是制造纷争？是在帮助她的丈夫认识主，还是把他推离我们的信仰呢？

后来，弟兄姐妹问我："她丈夫不让她参加聚会，我们该怎么办？"我说："那你们就劝她暂时不要来了。""啊？"他们的眼睛都瞪大了。我对他们说："你们鼓励她回家去，把在教会学的道活出来，做丈夫的好妻子、孩子的好母亲。弟兄姐妹一方面要为她和丈夫切切祷告，求圣灵做工，另一方面要找几个姐妹，趁她丈夫不在的时候到她家里去，帮她料理家务、照顾孩子，腾出时间向她传达聚会的信息，和她一起读经祷告。你们要鼓励她以真心的祝福应对丈夫的逼迫，以后看她丈夫还会不会反对。"

他们问我，保罗不是告诉我们不可停止聚会吗？我告诉他们，保罗这话是对那些心里不愿意参加聚会的人说的，而不是对那些迫切地想参加聚会、外界环境却不允许的人说的。上帝不看重我们敬拜他的时间和地点，看重的是我们敬拜他的心。就像耶稣告诉那个撒玛利亚妇人，在这山上或耶路撒冷礼拜都不是问题，关键是必须用心灵和诚实拜他（约4：19-24）。你看，我们都很看重什么时间、什么地点礼拜，而忽视了礼拜的真正目的，乃是要我们能从上帝那里得到力量，更好地去爱身边的人。

那个妻子一心想去聚会，而丈夫坚决阻止，她已经承受很大的压力了，你再告诉她圣经说不可停止聚会，这不是往她伤口上撒盐吗？所以，这样的姐妹宁可得罪自己的丈夫、冷却夫妻关系，也要遵守教会的"律法"，结果造成许多不信的丈夫对基督信仰的误解。我们应该教导主内的妻子们，信主之后应该给丈夫一个全新的妻子、给儿女一个全新的妈妈。

我非常赞同一位牧者的态度，他说，当一位姐妹渴望去教会聚会，却迫于自己不信丈夫的压力而待在家里的时候，上帝会说："女儿，你敬拜我的心和顺服丈夫的心我都领了。"当然，我们要注意区分那些以丈夫的阻挠为托词而不愿去聚会的情况。那种情况下，"你们不可停止聚会"的警戒就是对症下药了。

所以，当我们的亲人反对我们的信仰时，不要马上就上纲上线地去对抗，而是要认真反省自己的行为态度，是在为基督做美好的见证，还是在给基督抹黑。

即便丈夫的确有错误，妻子作为助手，也不要与丈夫针锋相对。丈夫是你的头，他在你身上有权柄。其实你对他也有权柄，但不是在家庭的次序上，而是在祷告之中。要切切地为他祷告，求上帝来改变丈夫的态度，然后耐心等待上帝的回答。还要求上帝给你智慧，用爱心说诚实话，以温柔的言语劝说丈夫，帮助他认识到自己的错误，并将他挽回。无论如何，不应该去掌控或弃绝自己的丈夫。

也有一种可能是，当妻子的态度和行为有了改变时，丈夫却似乎变本加厉地欺负她了。注意，这很可能是因为上帝对你的转变感到欣喜时，对撒旦说"你看到我忠心的使女吗"，于是撒旦马上在上帝面前控告你说："她丈夫对她也不错，她当然顺服了。我让她丈夫再给她一些刺激，她肯定就顺服不下去了！"对于这样的控告，上帝可能会像《约伯记》中描述的那样，允许撒旦试探你。这时候你要牢记："你们若因犯罪受责打，能忍耐，有什么可夸的呢？但你们若因行善受苦，能忍耐，这在上帝看是可喜爱的。你们蒙召原是为此，因基督也为你们受过苦，给你们留下榜样，叫你们跟随他的脚踪行。"（彼前2：20-21）

挑战四：他没有"头"的样子，我也要顺服吗？

你说得太对了，正因为他不像头，所以你才需要学习顺服的功课。只有在你觉得不舒服、不愿意、不合心意的情况下，还必须听从，这才叫顺服。如果他是个无可挑剔的男人，事事都让你觉得他的确比你高明，你很愿意听从他，那么你对他就是"佩服"，而不是"顺服"了。耶稣教导我们学习爱的功课时，这样说："你们若单爱那爱你们的人，有什么赏赐呢？就是税吏不也是这样行吗？"（太5：46）学习顺服的功课完全是一样的：你们若单顺服那叫你们佩服的人，有什么赏赐呢？不信的人不也是这样行吗？所以《彼得前书》2章18节说："你们作仆人的，凡事要存敬畏的心顺服主人。不但顺服那善良温和的，就是那乖僻的也要顺服。"

姐妹们，你们要学习超越这些挑战，耐心等候主大能的手在你丈夫身上做成他美好的工。没有一个丈夫天生就是好领导，但你若顺服他，就能够造就他，帮助他渐渐成长为好领导。

挑战五："我已经很顺服他了，可他还不长进，我还要顺服吗？"

注意，这样发问的妻子常常是因为"顺服"只是做给丈夫看的，目的是要丈夫改变，而不是为上帝做的。这就好像是用自己的好行为在丈夫身上"投资"一样，期望自己的顺服感动丈夫，使丈夫的行为也有所改变，而不是求上帝在自己里面动工，拿去自己的骄傲，使自己谦卑下来，由衷地顺服。这样的妻子将信心放在人的身上，而不是上帝的身上。由于对丈夫有所期待、盼望从丈夫那里得到回报，所以，当丈夫的所作所为不符合自己的期望时，妻子一定会觉得很失望，于是开始对丈夫甚至对上帝牢骚满腹。这样一来，丈夫就更难改变。其实，我们自己的感觉、看法，常与上帝的标准大相径庭。

> 人所行的，在自己眼中都看为正，惟有耶和华衡量人心。（箴21：2）

我没信主之前曾经认为自己是少有的好人，当向我传福音的人告诉我"你是罪人"时，我却说："如果多有一些像我这样的人，这世界不知有多美好。"信主后，我才知道自己真是个罪人，等我认识到自己的罪并求上帝的赦免时，上帝就将我看成义人了，而且我的内心因着认罪开始有了很大的变化。

当你认为自己是义人的时候，恰恰说明你没有认识到自己的本性，而当你感到自己有罪时，这才是走向圣洁的开始；当你认为自己很谦卑的时候，恰恰说明你还很骄傲，而当你感到自己很骄傲时，这才是谦卑的开始。依此类推，当你认为自己很顺服的时候，恰恰说明你没有真正顺服下来。

> 耶稣向那些仗着自己是义人，藐视别人的，设一个比喻，说："有两个人上殿里去祷告：一个是法利赛人，一个是税吏。法利赛人站着，自言自语地祷告说：'上帝啊，我感谢你，我不像别人勒索、不义、奸淫，也不像这个税吏。我一个礼拜禁食两次，凡我所得的，都捐上十分之一。'那税吏远远地站着，连举目望天也不敢，只捶着胸说：'上帝啊，开恩可怜我这个罪人！'我告诉你们：这人回家去比那人倒算为义了。因为，自高的，必降为卑；自卑的，必升为高。"（路18：9—14）

我们在这里强调一颗谦卑顺服的"心"。上帝要看我们的态度有无改变，而不是行为。如果态度没有改变，即便表面上顺服了，在上帝的眼中也没有用，他也不会拿走你的功课，因为你考试不及格还不能结业。所以，上帝要继续使用你丈夫这个"金刚钻"，专门对付你这个"瓷器活"。直到你从里向外地谦卑顺服下来，功课就会结束。那时候上帝才会改变你的丈夫，或者不如说，改变的是你自己，你变得更加合乎上帝的心意了。

如果我们的心态是顺服的，那么即便我们在某些具体细节上没有做到位，或者我们一时软弱又不由自主地要掌控，都没关系。只要我们能认识到自己的错误、立志悔改，上帝就会饶恕我们的过犯。假如你打心底瞧不起自己的丈夫，即使表面上做出种种顺服的姿态，也不讨上帝的喜悦。

> 无论作什么，都要从心里作，像是给主作的，

不是给人作的，因为你们知道从主那里必得着基业为赏赐。你们所侍奉的乃是主基督。（西3：23-24）

黄金法则

在学习顺服的过程中，有两个"黄金法则"，姐妹们一定要了解。

法则一：顺服丈夫就是在造就丈夫，否则丈夫就慢慢成了"甩手掌柜"。

我们的婚姻就好比一条船，按照上帝的旨意，丈夫当然是船长，那么妻子就充当大副、轮机长、水手长或舵手之类不可或缺的角色。当男人从"某人的儿子"变成"某人的丈夫"时，就好比是从另一条船上的船员变成这条船上的船长。所以，他自然会很兴奋，甚至免不了有些冒失。有生以来，他第一次威风凛凛地站在指挥台上，激动地发出第一条命令："起锚，全速前进！"忽然，后面传来妻子的声音："亲爱的，别这么性急！你没看到前面有礁石、险滩吗？稳着点儿！慢速前进就可以了。"船长刚要说什么，一看妻子一脸严肃，又憋了回去。"好吧，"他用不大坚定的声音重复妻子的话："慢速前进！"过了一会儿，他又发现浅滩，于是又下了一道满有权威的指挥令："左满舵，绕过浅滩！""哎，什么情况？至于左满舵吗？不就是个小沙丘吗？左舵25足矣。"妻子又恰如其分地更正了他的命令。"行吗？"船长有些疑虑。"你听我的没错。我爸就是搞航海的，他教过我。"果然，船将将擦着沙丘驶了过去。此情此景之下，妻子露出得意的笑容："怎么样？听我的没错吧？"船长却略有些尴尬。突然，前面又出现一块大礁石，船长不禁有一点慌乱："右、右舵、右舵……多少？"他回头看看妻子。"30，右舵30度呀！"妻子急了，"哎呀！快点儿啦！""对对对，右舵30。"船长连忙说道。

你想，如果船长平时总是这样指挥的话，那么到了大风大浪的情况下，你能企盼他有什么作为吗？你能指望他临危不乱、沉着果断、指挥若定吗？不可能的。他一定会说："老婆，我看还是你自己来吧！"

享有多大的权力，就要承担多大的责任，权力和责任是不可分割的双胞胎。你不给他权力，他就不会承担责任，久而久之，他就成了"甩手掌柜"。如果妻子自觉地顺服丈夫，将掌管家庭航船方向的权力全部交给丈夫，那么，丈夫在做决定时就会意识到自己对这条船的安全和前途负有全部的责任，这会使他的家庭责任感越来越强。也许他在指挥的过程中有这样那样的失误——航向偏离了、舵叶被打掉了一个、船帮蹭了个漏洞——但从这些失败中，他可以学到各种各样的功课，而且会逐渐变得慎重、老练、自信，男子汉的气质不断提升，在妻子的眼里，他也自然会变得更加可爱，妻子也就越来越容易顺服他。

法则二：要努力为丈夫营造让他来带领的氛围，因为环境和秩序对人的性情和品格有着极大的影响力。

没有一个人天生就是好船长。我们可以问一个问题：你是否来自多子女的家庭？如果是，那么你可以想一想：你们家的老大有什么性格特点？你会发现人们的回答都不外乎"忠厚老实"、"有责任感"、"谦让"、"有牺牲精神"、"爱控制"等。那你们家老小的性格特点是什么？通常人们会说"任性"、"灵活"、"有依赖性"等。真奇怪，每家的老大、老小都不一样，却似乎都有些共性。为什么？你们家老大是不是天生就这样？如果是，那么，为什么现在独生子女都是老大，却没有这样的性格特点，反而因受到全家人的恩宠更多地反映出老小的性格特征呢？

正是由于家里有了老二、老三以后，第一个孩子才可以称为"老大"。既然当了老大，就要担负起老大的责任：什么好事都要让着弟弟、妹妹先来；稍重些的工作，弟弟、妹妹做不来，就得自己动手去做；弟弟、妹妹受了损失或伤害，少不了在父母面前得担待着。久而久之，自然形成的这种家庭秩序，使得老大在日常生活中逐渐培养出"老大性格"。也就是说，家庭中的秩序培养了不同性格，而这些性格又会自然而然地被带到以后的婚姻生活当中，并影响着人们在婚姻中的角色扮演。

两个人结了婚，就需要在角色上做出调整。做丈夫的很可能原来在家里是排行老二、老三、老小的，被照顾惯了，正惦记着找一个能代替妈妈和姐姐的妻子；而妻子也许是老大，从小照顾弟妹，喜欢掌控。但是，到了新的家庭里，就要按照新的秩序进行调整。调整的过程中，双方难免会有一些摩擦，这是极其正常的，所以不要感到气馁、沮丧、灰心、失望，并因此放弃，而要有意识地摆正自己的位置，逐渐去适应新的家庭角色。

我自己结婚后也有角色转换的体会。我在家里虽不是老小，却也不是老大，结婚后免不了因一些小事与妻子争长短。比如，看电视的时候，我想看足球，她想换台看电视剧，如果两人都不让步，必然又是一番争吵。有一次妻子又想换台，我没同意，妻子突然娇嗔地叫了我一声："头！"这一声"头"叫醒了我，使我心甘情愿地做出了让步。头嘛，当然该做出表率。

当我们按照圣经的原则建立起正常的家庭秩序时，渐渐地，丈夫就会越来越像个船长，妻子也会越来越由衷地佩服这个成熟的船长。不是我们的行为改变了那个人，而是上帝的祝福因着我们的顺服而临到。要知道，每一个成功的男人背后都有一个女人在帮助他。

但顺服不能成为捆绑。

> 他叫我们能承当这新约的执事，不是凭着字句，乃是凭着精意。因为那字句是叫人死，精意是叫人活。（林后3：6）

如果你将顺服当作律法，强迫自己去做，就会很受辖制，而且活得很累，心里充满焦虑，没有平安。更重要的是你总觉得委屈，甚至感叹做女人真辛苦。

但如果你依靠圣灵的力量，将信心放在上帝的身上，知道临到你的一切都是上帝的安排，有上帝的美意在里面，他就是要借着让人难以信服的丈夫来塑造你，让你有一颗谦卑顺服的心，那么你就会活得轻松、没有担忧、心中喜乐，而且会感叹：做女人真好！上帝太伟大了！

做妻子的要注意：不可试探上帝。有些妻子的顺服是做给周围人看的。在众人面前表现得对丈夫十分恭敬顺服，其实却打心底瞧不起丈夫，在家里对丈夫不尊重，甚至发出质问：“你们看，我都这么顺服了，他为什么还不刚强起来呢？”注意，这种态度是非常严重的罪。因为这不仅是在向一个原则发起挑战，而是向圣经的权威及上帝发起挑战，似乎在向人们证明上帝的原则是错误的。

基督徒用自己的亲身经历证明上帝的话是颠扑不破的真理，这叫做"见证"；反之，如果用自己的亲身经历质疑上帝的话，这叫做"试探"。所以，姐妹要特别小心，不要成为魔鬼撒旦的帮凶，试探我们的上帝。

上帝主要看的是我们是否有一颗顺服的心。对妻子来说，重要的是你要摆对自己的位置、守住自己的本位，而将掌管结果的权柄交给上帝。如果你能做到这些，那么你就不必再担心了。因为上帝必垂听你的祷告，亲自掌管事情的结果。你所要做的，就是顺服上帝的旨意。

四种常见状况

在现实生活中，妻子们的状况不外乎四种，我们列个表来看一看。

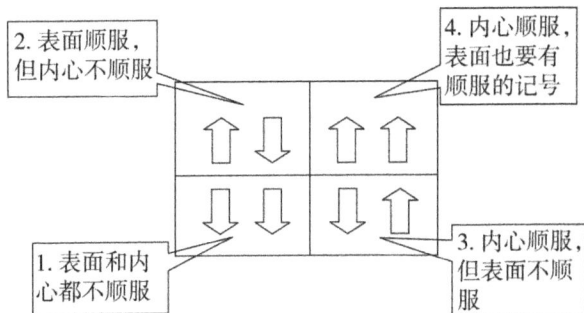

2. 表面顺服，但内心不顺服

4. 内心顺服，表面也要有顺服的记号

1. 表面和内心都不顺服

3. 内心顺服，但表面不顺服

在这个表中，第一个箭头代表你表面的行为，第二个箭头代表你内心的态度。箭头方向向上代表"顺服"，向下则代表"不顺服"。

毋庸置疑，第四种状况才是上帝所喜悦的，而第一种是完全错误的。然而，在当今教会中，第二种情况也不在少数，多见于丈夫不信主或妻子比丈夫信主年头长的家庭。妻子一般是教会的同工或者被大家认为比较成熟的信徒，知道圣经的原则，当着外人不得不做出顺服的样子，但是心里不服丈夫，因此在家里就完全是另外一码事了。这种表里不一的做法当然也是错误的。

很多人对第三种状况感到困惑。有些妻子会说："我知道我应该顺服，心里顺服就行了，不一定非要表现出来。"或者说："我在家里可顺服了，但我不愿意让外人觉得我是丈夫的附属品，总要有点做女人的尊严嘛。"这种情况多见于丈夫很"男人"而女人生性没有主见的家庭，他俩正好一强一弱，妻子的"顺服"纯属巧合，不是真正的顺服。

还有些妻子说："别看我在外面很张扬，其实我在家里什么都听他的。"这种做法对不对呢？不对。为什么？因为这就是保罗所说的"没有蒙头"，上帝要女人里外都顺服丈夫，不仅内心要尊敬丈夫，在公共场合也要给他这个"头"以相应的荣耀，表明上帝为婚姻所设立的美好秩序。

接下来，我们会谈到蒙头的问题。

蒙头：服权柄的记号

> 我愿意你们知道，基督是各人的头，男人是女人的头，上帝是基督的头。凡男人祷告或是讲道，若蒙着头，就羞辱自己的头；凡女人祷告或是讲道，若不蒙着头，就羞辱自己的头，因为这就如同剃了头发一样。女人若不蒙着头，就该剪了头发；女人若以剪发、剃发为羞愧，就该蒙着头。男人本不该蒙着头，因为他是上帝的形象和荣耀，但女人是男人的荣耀。起初，男人不是由女人而出，女人乃是由男人而出。并且男人不是为女人造的，女人乃是为男人造的。因此，女人为天使的缘故，应当在头上有服权柄的记号。（林前11：3－10）

在这段经文中，保罗讲到女人讲道、祷告时一定要蒙头的问题。当时，女人讲道和祷告的时候，是她们会在公众面前展现自己的场合。保罗为什么要女人在公众场合"蒙头"？后来的人看到这段经文时，容易在女人是否应该蒙头的问题上争论不休。有的教会只将目光盯在蒙头的形式上，今天还要求女人祷告的时候蒙头，却忽略了形式背后真正的属灵意义。其实在这里保罗主要谈的是女人应该有服权柄的"记号"。

什么是记号？记号就是一种简单而明显的标志，任何人们看到它，都可以立刻辨明其所要表达的信息。例如，马路上的交通指示牌，行人一看就明白它所表示的意思，所以，蒙头只是妇女表示尊重丈夫权柄的一种形式。

蒙头是顺服的记号

女人蒙头的意义就是"在头上有服权柄的记号"。在保罗时代,这个记号很简单,含义却是丰富而明确的:这个女人已经结婚了,而且她很顺服自己的丈夫。"服权柄"就是顺服丈夫的意思。

在那个时代、那个地区,当你看到一个年轻姑娘昨天还露着头发在外面玩耍,今天却忽然蒙上了头,你就会知道这个姑娘今天已经许配了人家。拿我们中国人的话来说,就是这姑娘已经有主了。女人在公众场合蒙头,就是要告诉其他男人,不要再对这女人存有企图了。

当时,去教会属于抛头露面的事情,所以这一标志就有着特殊的意义:让所有看到这个女人的男人清楚地知道,这女人已经结婚了,而且她很顺服自己的丈夫,所以不要再对这女人有非分之想。反之,若那女人没有这样的记号,男人们就会认为她还没有嫁人,没有权柄遮盖她,所以大家还有机会追求她。

对于一个男人来说,去追求一个蒙头的女人就是犯罪,而追求没有蒙头的女人就不是犯罪。所以你看,记号虽小,对于婚姻、家庭乃至社会的稳定来说,却意义重大。

为了保护婚姻、维持稳定,许多国家、地区和民族都有独特的方式,来清楚地区分结婚与未婚的女人,以尽量遏制罪恶欲念和违法行为的产生。在西方,你若看上了一个女人,并有意追求她,首先要看一看她的无名指上有无戒指。如果有，说明她已经是别人的妻子，或者已经许配给了别的男人，你就不能再妄图染指了。在中国，直到近代为止，女人结婚后都要将长发盘在脑后梳成发髻。所以，在那个时代，看到梳辫子或留长发的，你就要称呼"小姐"或"姑娘"，如果是盘发髻的，你就要称呼"太太"。中国的传统习俗种类很多，过去很多地方的女人在婚礼前要用两根丝线将面颊的汗毛绞干净，称为"绞脸"（或者叫做"净面"），所以，看到绞过脸的女人，你就知道她是有了归属的。

此外，许多国家和民族的妇女，结婚后会冠夫姓。西方人是直接把姓改为丈夫的姓，中国人则是把丈夫的姓加在前面，如姓李的女人嫁给姓王的男人，她的名字就叫做王李氏，人们会称呼她王太太。目前香港、台湾的许多妇女还是遵照这个传统，所以有许多女人的名字是四个字，大多是结婚后在自己的名字前冠夫姓的结果。这种传统在大陆也是近几十年才改变的。

过去，中国人结婚，新娘也是要蒙头的，现在某些农村地区的人也还保持着这样的做法，但只限于新娘出嫁的那一天。那红布盖头只有一个人有权揭下来，就是她的丈夫。你看，这盖头同样是服权柄的记号。

这说明，记号与所表达的含义是与当地约定俗成的习惯密不可分的。"蒙头"是保罗那个时代哥林多城的女人用得最普遍的记号，显示自己已经有了男人的"遮盖"，同时说明自己是个顺服丈夫权柄的妻子。说得通俗一点，就是已婚的标志。中东的很多国家至今仍然在延续这个传统。所以，在那些地方，女人蒙头仍然有其现实的意义。然而，除了这些国家和地区以外，这个记号就不具备我们上面所说的含义。如果你在今天的中国，在聚会场所看到一个女人蒙着头，你会联想到顺服吗？当然不会。你可能联想的是其他事情，比如，她感冒了、她刚洗过头、外面刮大风，或者她刚刚生完孩子怕着凉。

所以，我们今天要关注的，应该是保罗强调的重点，也就是女人有没有"服权柄的记号"，而不是她蒙头没蒙头。明白了保罗要求女人蒙头的真正意图之后，我们就不会拘泥于具体的形式而忽略其真正的目的了，否则就容易犯舍本逐末的错误。

记号的必要性

女人显明服权柄的记号有几方面的意义。

首先，做了记号，就表示自己是本本分分的女人。经文说："因此，女人为天使的缘故，应当在头上有服权柄的记号。"为什么是"为了天使的缘故"呢？《犹大书》6节说："又有不守本位、离开自己住处的天使，主用锁链把他们永远拘留在黑暗里，等候大日的审判。"上帝当初创造的天使是非常有能力的，而且很美丽，但其中有因骄傲而不顺服上帝的天使，离开上帝为他安排的位置，弃绝了自己的职责，堕落成为悖逆之子，就是魔鬼撒旦。上帝要在最后的日子里对撒旦施行审判，撒旦的结局就是受永火的煎熬。上帝在这里告诉我们：不顺服上帝的安排就是不守本位，不守本位就是犯罪，就会受到审判和惩罚。就是因为这个缘故，姊妹们必须警醒、恐惧战兢，要守住上帝为你安排的位置。

上帝在婚姻中为女人安排的就是"助手"的位置。女人要以"不守本位"的天使为戒，顺服上帝为婚姻所规定的一切秩序，遵守上帝的律法。正是因为这个缘故，女人要让周围的人在自己身上看到顺服权柄的记号。"在头上"可以理解成"以别人最容易看到的方式来表现"，比如明显的装束或举止，用这种方式向外界表示自己有一颗安分的心、忠实于目前已有的婚姻关系。

这记号不仅表示对丈夫的尊重，而且还表示对上帝旨意的顺服。上帝拿走了男人的肋骨，做成女人。女人是男人的肋骨，需要归属感。她找到丈夫之后，就找到了自己的本位，并归属于这个本位。所以，女人要向外界显明：我不是游离的肋骨，而是有归属的肋骨。如果没有"服权柄的记号"，就意味着在向外界宣告自己是自由身。已婚妇女仍然像未婚女人那样过分打扮自己，或有意在众人面前彰显自己，那么别人就会认为她是自由身，仍然有着选择男人的自由。无论这女人有意无意，这类举动都会吸引男人的目光，那么，自然有些男人就会认为自己得到这女人的鼓励，有机会追求她。所以保罗说："凡女人祷告或是讲道，若不蒙着头，就羞辱自己的头。"意思是说，已经结婚、有了归属的女人若是在公共场合露面，却没有明显地表明自己已婚的身份，那就是明明地在羞辱她的丈夫。

所以，已婚的女人在大庭广众之下，若没有丈夫的允许和支持，最好不要贸然"抛头露面"。如非抛头露面不可，就一定要"蒙头"——用这个记号来告诉大家，我这样做是得到丈夫许可的。

很多姐妹会问：女人一定要受到这种约束吗？有些姐妹

会问："难道我们就不能得自由吗？"是的。《哥林多前书》7章39节说："丈夫活着的时候，妻子是被约束的；丈夫若死了，妻子就可以自由，随意再嫁……"也就是说，丈夫死了之后，女人才能够免去这个约束。

按照现代社会的法律规定，已婚的女人的确享有在婚姻不如意的情况下再选择男人的自由和权利。任何人都可以合法地离婚、合法地再嫁，可以有你所谓的"私人感情生活"。但是，基督徒不是只按世俗标准生活的，我们要过"分别为圣"的生活。

绝大多数妻子都会在婚后发现自己的丈夫不尽如人意，在这种情况下，上帝不是让妻子们再去选择一个令人佩服的丈夫来顺服，而是要我们依照圣经的原则，依靠圣灵的力量去操练顺服。重新选择绝不是解决方法，而是对现实的逃避。从世俗的法律角度上说，你的确有这个自由，可是从上帝创造的律例来说，这是对自己情欲的放纵："只是不可将你们的自由当作放纵情欲的机会。"（加5：13）

有一个外企职员，由于经常迟到而受到洋老板的点名批评。在一个重要的工作场合中，他又一次迟到，老板由于气愤，批评的语气严厉了一些，这个年轻人一赌气就甩手不干了，说："我明天就去另一家公司工作，条件比这里好。"老板说："你辞职，我不会留你，但是，在这里没有学好的功课，到另一个地方你接着学。我不相信一个一年级考试不及格的人，能转个学就去读二年级。"这个人就是将"自由"当作"放纵情欲的机会"了。

所以，妻子在家里学习顺服，也是同样的道理。不可因为夫妻之间冲突加大、矛盾激化，或者丈夫表现不尽如人意，甚至丈夫对自己粗暴了一些，就要"自由"。那是世俗的自由，却不是基督徒的自由。上帝的女儿正要在压力下培养自己柔和的性情，坚守住自己的本位。"掌权者的心若向你发怒，不要离开你的本位，因为柔和能免大过。"（传10：4）这是圣经给我们的智慧。无论在家庭里还是在任何社会团体里都是如此，在家顺服丈夫，在社会上也要顺服相应的掌权者。"在上有权柄的，人人当顺服他；因为没有权柄不是出于上帝的，凡掌权的都是上帝所命的。所以抗拒掌权的，就是抗拒上帝的命；抗拒的必自取刑罚。"（罗13:1-2）你觉得自己顺服上帝吗？如果想顺服上帝，就从学习顺服这一切权柄开始。

其次，蒙头对女人是一种保护。有的女人会说："我只爱我丈夫一个男人，我是个安分守己的女人，也一定要有服权柄的记号吗？"是的，因为这记号从某种意义上说，还是已婚女人的"护身符"。我们不能不承认，在生理方面，女人在这个世界上是弱者，所以更容易受到外界的侵犯，尤其是来自男人的攻击。姐妹们一定要谦卑地承认自己是弱者，需要保护。撒旦欺骗女人说："你们要做强者，做女强人，要靠自己来保护自己。"然而，如果女人不是弱者，为什么各国都要设立保护妇女儿童的法律呢？人们将女人看得与儿童一样脆弱、一样容易受到攻击和伤害。而且，从媒体报道来看，办公室和公共场合的性侵犯大多发生在单身女人身上。

当女人彰显出这些服权柄的记号时，她就是在告诉周围的男人：我已经结婚了，我有丈夫保护我，我很爱我的丈夫，我很顺服我的丈夫。这样就会大大抑制男人看到女人时产生的非分之想，实际上是对女人的一种保护。

拿我们出国时使用的护照来打比方吧。护照就是一种记号，它说明你的身份是中国公民，你顺服在"中华人民共和国"的权柄之下。那么，当你通过外国海关时，你只要向海关人员出示这本护照，就是在告知你的身份。这时，他就必须给你足够的尊重，不是因为你本身有什么可敬畏的地方，而是因为你背后的权柄是"中国"。一旦他们对你有任何不合宜的举动，那就不仅是在羞辱你，而且也在羞辱你背后的中国政府，当地中国大使馆就必须向他们的政府提出抗议，要求他们向中国政府以及你本人道歉。这就是彰显服权柄的记号的意义。

那些偷渡到国外的人，就是不顺服权柄的人。他们游离在权柄之外，看起来比我们这些服在权柄之下的人更自由；但是，没有护照这一服权柄的记号，这些偷渡客在异国他乡受尽凌辱也无人过问，甚至可能死无葬身之地。

不顺服的妻子不蒙祝福

《以斯帖记》1章记载了这样一个故事，十分值得今天的妻子们引以为鉴：美丽的瓦实提身为王后，本应"母仪天下"，为全国的妇女做一个贤妻良母的榜样，然而她自视甚高，轻视自己的丈夫亚哈随鲁王。当亚哈随鲁王让她在众民面前展露美貌时（斯1：12），王后瓦实提却不肯遵太监所传的王命而来，使身为国王的丈夫在众民面前颜面扫地，所以，王甚发怒，心如火烧。这就是不顺服的举动。为了避免民间妇女效仿瓦实提，变得目中无丈夫，亚哈随鲁王将瓦实提打入冷宫，王后的位分也给了别人。亚哈随鲁王随即降旨

"传遍通国"，命全国"所有的妇人，无论丈夫贵贱都必尊敬他"（斯1：20）。而且，亚哈随鲁王还"发诏书，用各省的文字、各族的方言通知各省，使为丈夫的在家中做主，各说本地的方言"（斯1：22）。

这是关于外邦人的王的故事，圣经记载这件事是在告诉我们，不认识上帝的外邦人都有从人而来的智慧，认识到家庭秩序对社会和国家的影响。王按照圣经真理做事，国家就蒙祝福。

由此我们可以联想到，现代的妻子们与瓦实提有许多相似之处。比如：妻子要孩子沿袭自己的姓氏而不是丈夫的姓氏；户口本的户主写妻子的名字；家里的房产挂在妻子的名下；丈夫的单位有聚会而邀请家属参加的时候，妻子拒绝出席，等等。这些迹象都在向外界显明：丈夫在家中的地位不怎么样，或是在妻子心目中的地位不怎么样。这实际上是对丈夫的一种羞辱。妻子显出顺服的记号，为的是要让众人清楚地看到自己的"助手"身份，并表明自己对丈夫的尊重。妻子这样做的时候，就在众人面前将自己丈夫抬高。

大约十年以前，我在一家外企工作，老板是外国人。有一次我有一件事想跟老板谈，可是有些胆怯。正好老板的妻子到办公室来了，我觉得女人心肠较软，好说话，于是就跟老板的妻子说了。本想她一定会大包大揽地帮我解决问题，没想到她却很谦和地对我说："等我去问一下我丈夫好吗？他是你们的头，也是我的头。"我当时一点都没有因此而轻看这女人，认为她"不撑事"，反而对我的老板更加尊重了，我觉得老板真的活得挺"男人"的。

妻子们想想，头高全身高、头低全身低，是不是这么个道理？你推举自己的"头"，不就是把自己也带起来了吗？可是在现实生活中我看到，许多妻子为了抬高自己的地位，显示自己的威力或超凡脱俗，不惜在外人面前贬低自己的丈夫。大家一定熟悉下面这样的对话：

对话一

几个老同学："我们周末去你家玩吧？"

妻子："好啊！欢迎啊！去吧。"

老同学："要不要跟你老公打个招呼？"

妻子："不用！我们家我说了算！"

对话二

同事："除夕夜你去婆婆家过，还是回娘家过？"

妻子："当然回娘家了。"

同事："那你老公愿意吗？"

妻子："他敢不愿意？我说东他就不敢说西。"

这就是妻子"不蒙头"的一种表现。她们误以为这样就可以证明自己在家里有地位，在人面前有脸面。而实际上，妻子"不蒙头"，众人就会认为她男人在家里肯定做不了这女人的主，自然就会低看或者藐视这个男人。妻子们请想，不管你承认与否，丈夫都是你的头，你自己低看自己的头，别人会高看他吗？当你的头被贬低的时候，你也会跟着被贬低。

当代女性如何显出服权柄的记号

过去的女性以蒙头来表明自己对丈夫的顺服，那么，现如今做妻子的应当如何应用这个原则呢？前面已经说了，因为文化环境不同，今天的女性如果还以蒙头为顺服的标记，很难达到显明自己顺服的目的。所以，我们要绕过形式，抓住形式背后的实质。在当代社会女权主义影响极大的环境中，妻子应当以适当的行动将自己的顺服表明出来，让众人看见你们服权柄的记号。

换句话说，妻子不仅要在心里顺服自己的丈夫，也应该有所表示。这样，不用我们说什么，就会对别人产生强烈的影响。关于具体该怎么做，我们可以想到很多，比如：每当夫妻一同外出时，你都挽起丈夫的手臂；将你们的合影放在办公室的桌子上；当别人征求你的意见时，告诉他"我要回去先征求一下我丈夫的意见"；夫妻一起出现在公众场合时，不抢丈夫的话、不抢风头；不在别人面前驳斥丈夫的意见；即使丈夫不在场，也要在众人面前提及丈夫的名字，等等。

我曾经在讲座的时候让在座做妻子的一起讨论如何在当代社会中有服权柄的记号，她们的发言真是精彩纷呈。有的说："以后，我在同事们面前都称呼我丈夫'头儿'。"有的说："即便我丈夫不在场，我也要经常引用他的话：'我老公说……'"有的说："以后我要常和丈夫一起出入公众场合，用钦佩的眼光注视他。"还有一个妻子说："我丈夫在众人面前讲话时，总是不太自信，常常会用眼睛偷偷地看我，好像是在寻求援助。过去我嫌他太怯场，没有男人气，所以很少给他好脸色看，甚至低头不看他。以后，只要他在众人面前讲话，我就会用微笑和点头去鼓励他。在他讲话之前，我还要和他击掌。"

这样的妻子就是之前那个表格里的第四种妻子——从里到外都顺服。这种顺服是一点点操练出来的。

我鼓励女人学做贤妻良母，不要做女强人，可能有的女人不以为然。其实，问一下这样的女人，愿不愿意自己的妈妈是个贤妻良母？没有人说不愿意的。但是不知为什么，她们自己不愿意成为贤妻良母。贤妻良母型的女人是一个家庭的祝福，从丈夫到孩子都会因她而蒙福，而这个家庭也会给别的家庭带去祝福。

男人需要"蒙头"吗？

保罗说："男人本不该蒙头，因为他是上帝的形象和荣耀。"（林前11：4）

这里的意思是，男人是家庭的头，所以他在众人面前时就要像个"头"的样子，而不需要"蒙头"，因为上帝已经给了丈夫这个权柄。男人要知道自己所代表的是上帝的形象，他的表现关系到上帝的荣耀，所以他应该极力扮演好这个角色。如果他在众人面前的时候缩头缩脑，说话吞吞吐吐、没有底气，没有顶天立地的样式，那么他就是在羞辱他的头——创造他并赋予他权柄的基督。

那么，男人是不是在任何时候都不需要蒙头？

丈夫和妻子构成婚姻关系，他们俩就是一个团队。在这个团队中，丈夫是头，妻子是助手。当他们以团队的身份出现时，作为助手的妻子必须有顺服的记号，以表明秩序。而作为头的丈夫，就不需要做出记号。因为丈夫若"蒙头"，秩序就混乱了，人们会困惑：你们俩到底谁是头？

保罗在这里说的是婚姻里的秩序，但实际上，任何一个团队或群体都有其内部的秩序，所以，在婚姻以外的地方，"蒙头"的原则同样适用于男性。

男人在家庭里是丈夫，是妻子的头，所以他不需要"蒙头"，但是在职场或其他团队中，助手位置上的男人，以这个团队中的助手身份出现的时候，还是要"蒙头"——不仅要从心里顺服团队的权柄，还应该在公众场合展现出有秩序、守本位、顺服权柄的记号。"因为上帝不是叫人混乱，乃是叫人安静。"（林前14：33）

我国政府的官员在这方面的态度和做法就非常符合圣经原则。讲话的时候，他们都会强调："我们是代表党中央总书记、国家主席某某某来看望大家的。"结束的时候也会强调说"让我们紧紧团结在以某某某同志为核心的党中央周围"，这就是"蒙头"原则的应用，会让下面的人都有安全感。反之，如果某个官员站出来，没有提及政府首脑的名字，而说："今天，我要怎样怎样，我要如何如何。"大家听了心里就会感到不安："这件事，中央知道吗？这是'头儿'的意思，还是他自己的意思？"

你看，蒙头的原则多么重要。一个不是"头"的人，在公众场合"不蒙头"的话，往轻里说是狂妄自大、目无尊长，说严重些就是有野心了。

那么，男人当"蒙头"而不蒙，会有什么后果？

《撒母耳记下》中记载的押沙龙就是个典型。押沙龙不是王，他的父亲大卫是王，而押沙龙是王的儿子，是助手。

他没有同父亲大卫王打招呼，便自己站在城门口，展现在公众的面前。展现的时候，他没有"蒙头"——没有表示自己是服在王权之下的助手，而以"头"的面目出现在众人面前，说话办事都是"我如何如何"。他甚至说过这样的话："恨不得我作国中的士师，凡有争讼求审判的，到我这里来，我必秉公判断。"（撒下15：4）押沙龙这样做的结果是带来全国性的动荡和混乱，大卫的王权也险些被他篡夺。

历史一再告诉我们一个永恒的原则："凡事都要规规矩矩地按着次序行。"（林前14：40）无论是男人还是女人，无论是头还是助手，各人都要守住自己的本位，不可造次，因为一切权柄都出于上帝，所以挑战权柄就是挑战上帝。

世界上没有人可以置身于秩序之外，即便是国王，拥有最高的权柄，也有他要守的本位。僭越了他的权力范围，上帝照样是要严惩不贷的。我们可以拿乌西雅王不守本位而受到上帝惩罚的事情为例：

> 乌西雅行耶和华眼中看为正的事，效法他父亚玛谢一切所行的。通晓上帝默示撒迦利亚在世的时候，乌西雅定意寻求上帝。他寻求，耶和华上帝就使他亨通。（代下26：4-5）

乌西雅王是个非常虔诚、敬畏耶和华的王，上帝也给他很多的祝福，但是他因此骄傲起来。

> 他既强盛，就心高气傲，以致行事邪僻，干犯耶和华他的上帝，进耶和华的殿，要在香坛上烧香。（代下26：16）

在以色列人中，上帝亲自拣选侍奉他的祭司在圣殿里烧香。乌西雅是犹太人的王，是全国的最高行政长官，在操办国家大事时必须表现得像个"头"的样子，不能怯懦、软弱。他也确实做到了这一点，是个很出色的王。但是，他不是神职人员，所以，有关圣殿的事务，他不能擅自干预。国王在上帝面前也是一个普通人，在圣殿里也必须守自己的本位，就是必须"蒙头"，而无权代替祭司烧香。在圣殿的事务上，祭司才是"头"，但是乌西雅王心高气盛，非要亲自烧香，要得双重的荣耀，这就是他贪婪的罪性造成的。祭司们虽然知道他僭越了，但畏于他的身份，又不敢上前劝阻。后来，众多的祭司中有八十多位比较勇敢的，在祭司亚撒利雅的带领下互相壮胆，一起进殿去劝他。乌西雅王却勃然大怒，不听劝阻，执意要自己烧香，结果上帝重重地惩罚他，使他立刻长了大麻风。

> 大祭司亚撒利雅和众祭司观看，见他额上发出大麻风，就催他出殿，他自己也急速出去，因为耶和华降灾与他。（代下26：20）

为什么大麻风长在前额？因为乌西雅僭越之举的目的，是想要脸面上有光，上帝却让他在脸部最为明显的位置上长了最不能见人的麻风。本来他想得更大的荣耀，结果却颜面无存。刚才还胆战心惊、婉言相劝的祭司们马上变了脸色，开始赶他出去，他自己也羞愧难当，急忙逃出去，不但不能继续烧香，甚至连待在圣殿里的权利都没有了。想得的荣耀没能得着，而原有的荣耀也失去了，因为自己连王宫也不能回去了，更不要提他的王位。所以，他的儿子接替他做了国王，他至死都未能再和自己的家人见面。而在这方面，希西家王则做得很得体，并合乎上帝的心意。《历代志下》29章20-21节说：

> 希西家王清早起来，聚集城里的首领都上耶和华的殿。牵了七只公牛，七只公羊，七只羊羔，七只公山羊，要为国、为殿、为犹大人作赎罪祭。王吩咐亚伦的子孙众祭司，献在耶和华的坛上。

希西家像乌西雅一样，在国家的治理方面也建立了丰功伟绩，同时，他在献祭的时候，很遵守"蒙头"的原则，守自己的本位，按照圣殿中的次序，让作为神职人员的祭司来主持献祭的工作，而不是越俎代庖。

今天的弟兄们要以此为戒，切莫打着属灵的旗号在教会做属世的事，争权夺利、争荣耀，否则，上帝会对这样不守本位的人施以管教。

谈了这么多，最后我们还要强调一点：顺服是原则，是生命，而不是教条或理论。保罗特别强调："若有人想要辩驳，我们却没有这样的规矩，上帝的众教会也是没有的。"（林前11：16）

上帝在创世之初就已经清楚地制定了男女之间的秩序。上帝的儿女一定要清楚：这不是一个我们可以各抒己见、互相争论的理论问题，更不是一个可以拿来做所谓的科学论证的问题，而是一个信仰的问题；所以，和不信的人辩驳这个问题是毫无意义的。我们作为被造之物，不应当在这个问题上无休止地辩驳和争论，因为这是对造物主的亵渎，唯有信而顺服，才能得上帝的喜悦。

第五章
丈夫的角色

上一章中，我们谈到妻子应当在婚姻关系中扮演什么角色，也谈到社会上普遍存在的问题和我们特别需要注意的地方。其实，妻子和丈夫的角色是互动的，两人彼此互动，组成一个和谐、有秩序的婚姻。在这一章中，我们就来看看丈夫的角色，其中有些内容也许是之前谈到过的，在这里要更系统、更深入地谈一谈。

圣经对男人的要求

　　我愿男人无忿怒，无争论，举起圣洁的手，随处祷告。（提前2：8）

　　我们从这节经文中可看出，上帝对男人有如下几个要求：不轻易发怒，不与人争论，过圣洁生活，信靠上帝。

不轻易发怒

　　"无忿怒"的男人，是有气度的男人。男人难免有血气，按现今世人的标准，似乎有脾气、会发怒的男人才有男人味。但上帝的标准正好相反：不轻易发怒的男人才是上帝喜悦的真男人。著名歌曲《我的祖国》中有这样几句优美的歌词："姑娘好像花一样，小伙儿心胸多宽广。"可见，在老百姓眼里，心胸宽广的小伙儿才是最棒的。常言道"宰相肚里能撑船"，男人有气度的确很重要，因为男人是家里的头，支撑着整个家，稳固着家中各方的关系。一旦男人发怒，不但容易伤害家人，使家人没有安全感（尤其是孩子），也会成为孩子效法的坏榜样。

> 好生气的人，不可与他结交；暴怒的人，不可与他来往，恐怕你效法他的行为，自己就陷在网罗里。（箴22：24－25）

在父亲拳头之下长大的儿子，最终往往也成为施暴者。这样的家庭受了暴力的咒诅，一代代把咒诅传下去。信靠主的男人，即使你来自这样的家庭，也可以靠着上帝给你的力量控制怒气，把咒诅变为祝福。

有人说："我就这脾气，其他方面都不错。人无完人嘛，男人发点脾气算不了什么。"这样，就给自己常发脾气找到了一个合理的借口。但上帝的要求更高，在他的标准下，发怒就是缺乏爱心的表现，因我们发怒时就不会顾及别人的感受，只顾自己痛快。《哥林多前书》13章"爱的颂歌"中诠释了什么是真正的爱，其中特别提到"不轻易发怒"。

又有人说："那我连表达生气的权利都没有吗？"不是的。圣经说："生气却不要犯罪，不可含怒到日落，也不可给魔鬼留地步。"（弗4：26-27）这就是说，上帝给了我们人类感受七情六欲的能力，我们可以生气，这不算为罪。关键在于生气之后"不可犯罪"，也就是不要发怒、不含怒到日落，否则，罪就伏在门前。人一失控，就给魔鬼留了地步，那时做的决定一定是出于血气和撒旦的。

有一次，一位弟兄很坚决地跟我说："袁老师，我祷告清楚了，我要跟她离婚！"我回答说："这真是主的意思吗？我认为不是。你看你说这狠话的时候，脸发僵，充满怒气，说明这决定不来自圣灵。"

不与人争论

"无争论"的男人，是有深度的男人。越爱争论的人越缺少深度，越有深度的人越有涵养。这就好比半瓶水很容易往外溅，而一满瓶水反而不易溅出。在中国的餐馆里，你常常能看到一桌男人一边喝酒，一边高谈阔论国家大事，联合国秘书长、美国总统都不知道怎么办的事，他似乎都知道。

美国著名教育家卡耐基曾说过："爱争论的人，输了就是输了，赢了也是输了。因为当你不遗余力地把对方驳得体无完肤时，不但伤害了对方的自尊，也失去了对方的爱。"你可能会说："可我说的都是实话呀！"要知道，很多时候，没有爱心的实话就会伤害人。有人会疑惑："那么我们有自己的观点就不能发表了吗？"不是的。我们鼓励自由"讨论"，而不是"争论"。"讨论"是双方平等地、心平气和地陈述自己的观点，而"争论"是以咄咄逼人的气势和语言强调"我对你错"，因此是一种不良的习惯，是上帝不喜悦的。

> 但知识是叫人自高自大，惟有爱心能造就人。若有人以为自己知道什么，按他所当知道的，

他仍是不知道。（林前8：1－2）

而且真正有智慧的人，不但不会咄咄逼人，反而会更加的温柔谦和。

你们中间谁是有智慧、有见识的呢？他就当在智慧的温柔上显出他的善行来。（雅3：13）

我在一家美国培训公司工作的时候，一位资深的美国顾问曾经讲过一段话，让我至今记忆犹新。他说："十个人在讨论一个重要的问题，九个都在热烈激昂地各抒己见，甚至争论不休，只有一个人安静地聆听。那么最后的情况怎样呢？一定是九个一起转向那一个，并且问道：'你的意见呢？'然后他们就安静地聆听。"

过圣洁生活

圣洁的男人，是有风度的男人。

我是把你们从埃及地领出来的耶和华，要作你们的上帝，所以你们要圣洁，因为我是圣洁的。（利11：45）

上帝的属性中至关重要的一条就是圣洁。唯有圣洁，我们的祷告才蒙垂听；唯有圣洁，我们才能见主的面。就如我们不愿挨着肮脏的人，主也不能与污秽的人同在。因此，我们要靠着上帝，清除生命中种种污秽的事，比如上黄色网站、打妻子、找"小三儿"、做假账、收贿赂等，活出圣洁的生命。上帝按着我们手中的清洁赏赐我们，若我们的手不圣洁，所抓的就不是上帝的赏赐。唯有我们手洁心清时，上帝的赏赐才会临到，就像孩子伸手向妈妈要东西吃时，妈妈总会先让他把手洗干净一样。我们的好处不在上帝以外，若不是上帝给的，就不是真正的好东西，宁可不要。男人们常常忘记这点，靠着自己的小聪明而不是上帝的智慧在这世上拼命，到头来以为得着了想要的，却可能失去了最好的。想想看：你若有万贯家财，却遭遇婚姻破裂；你若事业发达，儿女却堕落；你若潇洒玩弄女性，却找不到真爱……那是何等凄凉！

以上这些污秽的事都很明显，男人只要靠着上帝总能胜过。而有一些污秽却是不易觉察的，就如骄傲、怒气、诡诈等。有些服侍上帝的人，婚姻见证很不好，就拼命做事工，补偿这方面的亏损，一边与妻子同床异梦，一边大讲"爱是恒久忍耐"。这些上帝都不喜悦。就如同以色列人厌倦了盟约的妻子，娶了更年轻漂亮的女子，又因良心不安而拼命献祭一样，这样的"平安祭"上帝并不收纳。

> 你们又行了一件这样的事，使前妻叹息哭泣的眼泪遮盖耶和华的坛，以致耶和华不再看顾那供物，也不乐意从你们手中收纳。你们还说："这是为什么呢？"因耶和华在你和你幼年所娶的妻中间作见证。她虽是你的配偶，又是你盟约的妻，你却以诡诈待她。（玛2：13-14）

这是说，丈夫献完祭，前脚刚走，妻子后脚就到，也跪在刚才丈夫献祭的坛前，委屈地大哭。眼泪落在祭物上，上帝就因丈夫对妻子不忠而大怒，对他们所献的祭连看都不看。所以，如果我们在生活上，尤其是性生活方面对妻子不忠，不论为上帝做多少工，上帝都不记念。

> 我喜爱良善，不喜爱祭祀；喜爱认识上帝，胜于燔祭。（何6：6）

信靠上帝

随处祷告的男人，是信靠上帝的男人。

上帝喜悦我们有一颗寻求他的心，然而我们天生就不是愿意信靠上帝的人。男人往往是理性的，比较相信自己，习惯于自我奋斗，而不愿承认自己是软弱的、有限的。即使没有把握，也习惯于按自己的能力办事，不太习惯寻求上帝的带领、帮助。正因为如此，我们更要操练信靠上帝，学习随处举起祷告的手。随处祷告展现了谦卑的心态，表明一个人愿意承认自己不行，因此随时转向上帝、呼求上帝、信靠上帝。这是上帝所喜悦的。有时也许我们不知道要向上帝说些什么，圣灵会亲自用说不出的叹息替我们祷告，使我们不至于盲目行事，而是顺着圣灵的带领去行。

我的经历是，当我推崇世界的价值观、认为"我行"时，我就常常靠着自我的聪明才智做事，只有到了靠自己完全"玩不转"的时候，我才无奈地求告上帝。

所以说，生活中多一些逆境是好的，很多时候上帝有意加给我们逆境，因为在顺境中我们很少寻求上帝的面。上帝愿意我们都成为寻求他的人，但我们就像当初的以色列人一样，一旦繁荣昌盛就忘了上帝。所以上帝说："我要回到原

处，等他们自觉有罪，寻求我面，他们在急难的时候，必切切寻求我。"（何5：15）

所以，遇到逆境首先要感谢上帝，知道那是他要我们多祷告，多多地求告他。即使有时候我们的祷告看起来没有什么结果，也不是上帝没有回应我们，因为我们祷告后会得到内心的平安，这平安就是上帝回应的凭据了。

> 愿赐平安的上帝，亲自使你们全然成圣。又愿你们的灵与魂与身子得蒙保守，在我主耶稣基督降临的时候，完全无可指摘。（帖前5：23）

保罗告诉我们，上帝借着我们内心的平安，来引导我们成圣的脚步。在服侍初期，我不懂什么是与上帝的个人关系，很少有安静祷告和在上帝面前敬虔默想的时间。反正有难题就请教自己的导师，他们告诉我应该如何，我就照着去做，自己乐得心里轻松，因为不需要承担责任。实际上，导师们就成了我与基督的"中保"。后来开始从事婚姻家庭事工，我曾遭遇到极大的挑战。于是我又习惯性地去求问导师，可是当我按照他们的意思去行的时候，几乎整夜整夜地睡不着觉，那时我才真正体会到什么是"没有平安"。那段日子真是痛苦，万般无奈，我只好切切地祷告寻求上帝："主啊，我想睡觉。让我自己按照你的心意做一个决定，无论是谁说的、说什么我都不在乎，我只要能平安睡觉。"而当我苦苦祷告并寻求上帝的心意时，我逐渐学会了按自己从上帝领受的感动做决定，我的内心也得到了很大的平安，常常是一沾枕头就睡着了，而且一觉睡到天明。

> 主虽然以艰难给你当饼，以困苦给你当水，

你的教师却不再隐藏，你眼必看见你的教师。你或向左、或向右，你必听见后边有声音说："这是正路，要行在其间。"（赛30：20-21）

我终于慢慢地自己学会如何去听那身后"教师"的声音了。如果你也有那位教师指路，还会有什么不平安的事情呢？

婚姻中丈夫的职责

你们作丈夫的，要爱你们的妻子，正如基督爱教会，为教会舍己。要用水藉着道把教会洗净，成为圣洁，可以献给自己，作个荣耀的教会，毫无玷污、皱纹等类的病，乃是圣洁没有瑕疵的。丈夫也当照样爱妻子，如同爱自己的身子，爱妻子便是爱自己了。从来没有人恨恶自己的身子，总是保养顾惜，正像基督待教会一样。因我们是他身上的肢体。（弗5:25-30）

我们在这里要谈论丈夫在婚姻中的责任，着重点就是对妻子的爱。圣经为我们诠释的"爱"，更多强调的是一种责任，而不是一种感受。就像我们在上一章所谈到的，妻子在婚姻中的责任是做丈夫的助手，并且顺服自己的丈夫，因此，当妻子尽力帮助并顺服自己的丈夫时，就表现出对丈夫的爱。同理，丈夫如果尽到婚姻中做丈夫的责任，就是在展示对妻子的爱。那么，丈夫在婚姻中的责任又是什么呢？我们在前面已经谈到，上帝给我们男人的责任是"修理看守"，所以，丈夫应该服侍全家，并且要做婚姻关系中的头。这两个责任可以总结为服侍并带领，二者结合在一起就是"仆人式的领导"。

仆人式的领导具有以下两个特点：第一是服侍，就是"修理看守"，也就是做仆人，为妻子舍己；第二是带领，也就是做"头"。当丈夫不断谦卑自己、努力服侍并带领妻子的时候，就是表示对她的爱了。有人说，又要做"仆人"，又要做"头"，这也太难了！对，这的确很难，靠我们自己完全不可能做到，但若靠着那加给我们力量的主，就凡事都能做。

下面就让我们一起从圣经的角度看一看，在婚姻中，丈夫当怎样像基督爱教会那样爱自己的妻子，也就是如何去尽自己的责任和义务——服侍并带领。

丈夫都愿意做家里的头。其实，这种愿望是上帝创造男人时，就已经放在我们里面的。但是我们要做的这个"头"，不是社会上那种颐指气使的"头"，有时一动嘴甚至一使眼色就有人跑前跑后伺候着；我们是要谦卑下来，甘心情愿做服侍全家的"头"，是吃苦在前享受在后的"头"，是以身作则身先士卒的"头"。所以丈夫既要学习如何做"头"去带领，又要学习如何做仆人去服侍。这里我们先从如何做仆人服侍开始谈起。

丈夫如何服侍妻子

你们中间谁为大，谁就要做你们的用人。凡

自高的，必降为卑；自卑的，必升为高。（太23：11-12）

耶稣叫了他们来，说："你们知道外邦人有君王为主治理他们，有大臣操权管束他们，只是在你们中间不可这样，你们中间谁愿为大，就必做你们的用人；谁愿为首，就必做你们的仆人。正如人子来，不是要受人的服侍，乃是要服侍人，并且要舍命，作多人的赎价。（太20：25-28）

服侍，就是要满足他人的需求。这就需要首先将自己放下，多考虑对方的利益，就像对待自己身上的肢体一样对待对方。

丈夫要爱妻子，像基督爱教会一样。基督是如何爱教会的呢？他为教会走向十字架，牺牲了自己，这就是舍己的爱。在做婚姻讲座的时候，我常会问丈夫们："当有人要在你面前欺负你妻子的时候，你们谁能挺身而出为妻子舍己的，请举手。"告诉你，大多数丈夫都会举手！的确，为保护自己的妻子免受非礼或伤害，我相信许多丈夫都会毫不犹豫地挺身而出去拼命的。凭着一股血气，对于一个男人来讲，这也并不是什么特别难做的事情，有很大一部分原因也是为了维护自己的尊严，所以也没有什么可夸耀的。可是如果在日常生活中的各个层面都能舍弃自我的利益，去照顾、包容、体谅、珍惜并取悦自己的妻子，那可就不是件容易的事情了。

因为舍己就是拿走自己，作为一个有罪的人，我们谁能不爱自己呢？大多数情况下，引致夫妻争斗的都不是什么原则性问题，而是两个人都觉得自己受了委屈，觉得"我吃亏了"。因为亏了，所以就要争回来，两个人都要争，就一定斗起来了。夫妻争斗就是在彼此告状、彼此定罪。"我"是神圣不可侵犯的，这就是骄傲。骄傲也是天使堕落的主要原因。保罗说这是大错，不是小错："你们彼此告状，这已经是你们的大错了。为什么不情愿受欺呢？为什么不情愿吃亏呢？"（林前6：7）

圣经要我们舍己，意思是，面对比自己软弱的妻子，即便是吃亏了，也要放弃自己的权益，甘心受委屈，这就是效仿基督。当我在婚姻生活中感到十分委屈时，上帝就对我说："你委屈说明你还不委身，委身后就不会感到委屈了。"原来我们所经受的"委屈"，都是上帝用来对付我们的手段。舍己，就是打磨掉我们的骄傲，造就谦卑的品格。

基督是如何为我们舍己的呢？基督不仅最终为我们而死，而且他来到这个世界上，本身就是舍己为我们而活。他本是万王之王、万主之主，却离开至尊的宝座，来到尘世，放弃自己应有的权利。他不是在我们很讨他喜悦的时候来到这世界上为我们舍己的，而是在我们都陷在罪中的时候来到我们中间。他在世上时，一直以卑微的身份来服侍罪人，怜悯他们、饶恕他们、医治他们、教导他们……正像《腓立比书》2章6-8节中所说："他本有上帝的形象，不以自己与上帝同等为强夺的，反倒虚己，取了奴仆的形象，成为人的样式。既有人的样子，就自己卑微，存心顺服，以至于死，且死在十字架上。"

上帝要我们做丈夫的也效仿耶稣的榜样：虽然自己是家庭中的头，却不仗着自己的地位，要求享有许多的特权，反倒谦卑自己，做全家的仆人，去服侍全家，尤其是自己的妻子。

丈夫如何为妻子舍己？

具体说，丈夫可以在以下五个方面为妻子舍己：第一，不能苦待妻子，因为她们是软弱的；第二，在生活中优先考虑妻子的利益；第三，不以自己的信心代替妻子的信心；第四，赦免其过、遮盖其罪，以此祝福妻子；第五，在性生活方面要忠诚，并体贴妻子的感受。

下面我们分别阐述这五方面内容。

第一，不能苦待妻子，因为她们是软弱的。

> 你们作丈夫的，要爱你们的妻子，不可苦待她们。（西3：19）

> 我们坚固的人应该担代不坚固人的软弱，不求自己的喜悦。（罗15：1）

圣经说，做丈夫的不能苦待妻子，什么是"苦待"？

1. 在家庭工作和负担上与自己的妻子讲平等就是苦待。

上帝赐给男人更结实的肌肉骨骼、更大的力量以及更坚强的心理，是要男人承担更多日常的体力工作，所以当我们与女人斤斤计较、在家务上要平等的时候，往往就是在苦待自己的妻子。

2. 强调妻子的责任就是苦待。

上帝造女人的时候，就已把妻子的角色定位为丈夫的助手。既然丈夫是家庭中的头，就要承担家中全部的责任，无论大事小事，即便是女人的分内之事，丈夫也负有不可推卸的责任。

就像一个单位，大家有不同的职责，但无论何事，一旦追究起责任来，就都是领导的责任。家庭也是如此。我们做丈夫的要改变观念，认识到所有的责任都是男人的，女人是上帝派来帮助我们的。我们不擅长做饭，妻子帮我们做饭；我们不擅长带孩子，妻子帮我们带孩子——要知道孩子姓的是父亲的姓，是男人的后裔！

妻子是来补足我们缺乏的，她帮助你是上帝给你的恩典。认识到这些，你就不会总斤斤计较哪些是妻子的责任、哪些是丈夫的责任了。有一位荷兰的牧者对我说："我是一个牧者，每天在教会工作完，回家还要洗碗、看孩子，我过去一直都以为自己是在帮妻子做事，觉得自己是很不错的丈夫，还挺自豪的。今天我才意识到，其实不是我帮妻子，而是妻子一直在帮我！"

和妻子讲平等就是苦待　　　　这才是平等

你们作丈夫的也要按情理和妻子同住，因她比你软弱，与你一同承受生命之恩的，所以要敬重她，这样，便叫你们的祷告没有阻碍。（彼前3：7）

圣经说我们"要按情理与妻子同住"，"情理"在这里是指上帝造女人的目的、女人的特点等。上帝要求我们尽可能多了解女人与男人有什么不同，而且要理解女人在生理、心理等方面的特点。作为丈夫，我们理应掌握这些有关女人的知识，因为圣经要求我们根据这些知识来与妻子共同生活，并在生活中照顾到妻子的需要。

工人要使用一台新机器，都必须先熟读说明书。只依靠自己一知半解的经验去操作，很快就会把机器弄坏。同样，男人不通女人的"情理"，怎么能够与她和谐地生活在一起呢？当我们按照上帝造女人的"情理"来对待女人的时候，上帝给我们的奖赏是让我们的祷告没有阻碍。

丈夫一定要了解一些重要的"情理"。比如，女人是感性的，理性的丈夫不能同妻子讲理，只能讲爱。科学家已验证，男人的思维方式偏向理性（左脑），女人偏向感性（右脑），男人总爱说妻子"不讲理"。女人就是不爱讲理，她要讲爱，她要感到被爱、被呵护。比起对错，她们更在乎自己在你眼里是什么地位。所以，男人千万别跟女人较劲，先讲爱、再讲理。女人的逻辑是："我整个人都给你了，你如果爱我，就不能让着我一点吗？为什么婚前我总是对的，婚后就总是错的呢？是不是你已经不爱我了？"

再比如，丈夫不能用想当然的方式爱妻子，而要按照她乐意接受的方式去爱她。这一点太重要了，因为有太多丈夫说自己很爱妻子，妻子却说感受不到。不了解妻子的"爱语"，总是想当然地去做，结果往往双方都不满意。这个功课我也是后来才学会的。其实，每个人表达爱意和接受爱意的方式都不同，一个人常常只对一种或几种方式很敏感，而不太在意其他的方式。我们不要单纯地去模仿某种做法，因为你的妻子与别人的不一样，她是独特的，所以你当认真去观察、了解妻子的需要，然后投其所好。

我可以给丈夫们一点启发：

1. 多多赞美。

我们都喜欢听赞美的话，但是女人似乎比男人更喜欢，当丈夫赞美她时，她就觉得被爱。因为女人感受爱的渠道与男人不同，男人侧重于视觉和嗅觉，而女人则更依靠听觉和触觉。因此，丈夫当多多操练说赞美之言。

不知丈夫们有没有注意到，无论你的家里有多少男人，如果缺少了女人，这个家就不像家。有时我妻子不在家，我和儿子在，虽然所有的事情都照旧，我们完全像以往一样生活，可就是感觉不对劲儿，怎么都觉得这里像个集体宿舍，而不像个家。等妻子一进门，家里马上就变得温馨起来。妻子在家庭中正是如此关键，她们是不可缺少的。

既然妻子对家庭如此重要，作为丈夫，多赞美妻子也是应该的。尤其是对于那些毅然放弃职业、全时间承担起妻子和母亲责任的女人来说，她们面临的挑战会很大，因为她们中间很少有人能直接从所从事的家务劳动中感受到自我价值。所以，丈夫的尊重和真诚的赞美对于她们来说就尤为重要。

按照圣经的原则，女人在家全心服侍家人，正是完美地履行了上帝赋予女人的主要天职，本应得到赞美。可属世的价值观使得绝大多数妇女不愿在家里做主妇，而更愿意通过职场生活来得到社会的认可，找到自我价值感。这不仅对家庭不好，对一个国家来说也并非幸事。因为当女人像男人一样把过多的时间投入工作而不顾家时，家庭就不稳定，太多家庭不稳定，必然导致社会的不稳定。家庭就是一个团队，如果所有人都上前线战斗去了，没有人看顾后方，那不等于把根据地拱手让给敌人了吗？难怪我们的社会中有那么多的孩子成了罪恶势力的俘虏。

我妻子是在上世纪80年代末辞职回家做全职妈妈的，当时人们称这样的女人为"家庭妇女"，这个称呼带有贬义，因此，她的心理压力非常大。那时候，当我们中间出现冲突时，我常常会说"你天天在家里如何如何"。每当我提起这个"在家里"的时候，她都会出现情绪失控的情况。当时我还有些不理解，认为她太过分。后来随着灵命的成长，我才逐渐明白，在家庭主妇的角色遭到世人鄙视的今天，丈夫对妻子的认可就越发重要。因为，除了上帝之外，我可能是这个世界上唯一给她肯定的人，也是她自我价值感的重要来源。没有丈夫的肯定，即便是信心坚定的妻子，也时常会感到孤独、软弱，甚至会产生动摇。

赞美妻子，肯定她为家庭所做的贡献以及她在自己眼中的重要性，也体现出丈夫对家庭的重视、对上帝所定的男女角色的尊重。

2. 温柔爱抚。

既然女人侧重的另一个渠道是触觉，那么，我们就要多多地去爱抚她们。关于这一点，现代的男士们在婚前阶段似乎都做得太多，甚至过了头，所以婚后往往都不做了。那时候你爱抚她，满足的是自己的需要，是情不自禁的，是自私的，而婚后你要满足的是妻子的需要。

当妻子遇到不顺心的事情，或受了委屈，或夫妻之间有了矛盾的时候，丈夫们无须用太多道理开导、教训妻子，妻子是情绪型的，你只要将她温柔地抱在怀里，轻轻地爱抚她，往往就能把她的情绪调整过来。女人愿意为爱她的男人付出生命，更别提这些小小的委屈了。

3. 付出时间。

有些妻子的爱语是"精心的时刻"，所以，你肯为她花时间，她就觉得被爱。我相信没有一个妻子不喜欢丈夫花时间陪伴她。她不一定需要你为她做什么，只是希望你跟她在一起。过去我不懂这个，妻子要求我陪她逛商场，而我最怕逛商场，每次一进商场就赶紧找休息的地方等着，要不然就勉强跟着。等我了解了女人的特点之后，我就很乐意地陪着，买了东西就赶紧拎着。

除了陪伴，妻子还需要丈夫多花时间和她沟通。女人大多是情感型的，可以通过沟通感受到丈夫的爱，而偏偏男人天性不喜欢多说话，也缺乏沟通技巧。尤其是工作一天之后，男人更是不愿说话。所以，做丈夫的要克制自己的自私、战胜自己的疲劳，一方面耐心聆听妻子的唠叨，另一方面又要用各种方式向妻子抒发爱意，使她们时刻都有从丈夫而来的安全感和归属感。

4. 谦卑服侍。

有些妻子的"爱语"是服侍，当你肯为她做事时，她就觉得被爱。有的妻子可能不在意赞美的话，而更希望你与她一起分担家务。当你光说不练之时，她可能会说："少来甜言蜜语，你多干点儿家务比什么都强。"

关于这方面的知识，我劝男人都看一看盖瑞·查普曼（Gary Chapman）写的《爱的五种语言》一书，我觉得男人更需要了解这些奥秘，因为对于比我们更注重情感表达的女人来说，如何使她们感受到爱是至关重要的。否则，就好像看电视没有接好天线一样，信号发出了，对方却接收不到。

第二，在生活中要优先考虑妻子的需要。

> 所以无论何事，你们愿意人怎样待你们，你
> 们也要怎样待人。因为这就是律法和先知的道理。
> （太7:12）

丈夫不但不能苦待妻子，还要在日常生活中各个层面特别善待她们。

女人有特别软弱的时期，在这些时期里，我们要特别体贴。比方说，女人每月有例假期，在生养孩子时会有怀孕期和乳养期。处在这些软弱期时，她们会有很大的生理负担，心理波动也比较大，对事情的分析和判断往往都很感性。男人不能用理性去对待女人，而应该无条件地让着妻子。就算是我们占理或受到不公正的对待，也要忍耐，不向妻子耍威风，否则你就是在与弱者对垒。这时我们的态度要像兄长对妹妹，只能讲爱，不能讲理。

就拿喂奶为例子来说明吧。说来也奇怪，现在的生活条件比以前好了不知多少倍，可为什么许多产妇的奶水反倒不如困难时期的产妇丰富呢？很大一部分原因是焦虑。现在的产妇比以前的产妇有更多的担忧：身体会不会发胖？老公会不会耐不住寂寞、另寻新欢？有孩子后会不会失业？上班后孩子怎么办？甚至以后上哪个托儿所、幼儿园等问题都想到了。产妇只要一为这些事情忧虑，奶水就会受到影响。母乳喂养是最好的选择，不仅省去夫妻俩许多的时间、精力，而且母奶中的抗体又可以让孩子少生病。所以说，妈妈奶水好对孩子来说实在是极大的祝福。如果你的妻子在产后有这些

担心的话，你不可责备她，而要反复地告诉她，你已经做好负担全家生活压力的准备，也绝不会因为任何理由嫌弃她。这种无条件的接纳会医治她的焦虑，给她真正的安全感。

如果妻子真的没有奶喂养孩子，那么夜间喂奶将成为年轻母亲沉重的负担。我曾经有过这样的经历：夜里孩子饿了，你把牛奶热好了，一摸感觉有点儿烫，就用冷水冰一冰；冰完再摸，又凉了，再用热水泡……不一会儿就失去耐心了。别认为喂奶是老婆的事，如果她过于劳累，就更没有奶了。你才是强壮的，而她比你软弱，所以，你要坚持夜里起来为孩子热奶，让妻子多休息、快恢复，尤其是月子里。

在妻子怀孕生产期间，还有一点需要特别注意：产育期的妻子体力和情感的消耗都很大，因此常常没有精力满足丈夫对亲密感乃至性生活的需要。所以，这个时期是夫妻关系最容易冷淡的"危险期"。丈夫们一定要体恤妻子，适当地克制自己的性欲。我在工作中遇到很多夫妻关系破裂，就是在这个节骨眼上出了问题。

除了在特殊时期照顾妻子之外，平时的生活中，丈夫也应该特别呵护妻子。当两个人工作压力都很大、身体都很累时，丈夫们，要想到"因她比你软弱"，你是强壮的，所以你应当尽可能地为自己的妻子做做周身按摩，或给她洗脚，以表达你对她的爱惜之情。

我告诉你一个秘诀：在家庭中，每天为妻子做按摩，可以让妻子变得更加温柔。过去我总是感叹自己的老婆不够温柔，所以有一段时间我就常常祷告："上帝呀，你让我妻子变得柔软一些好不好？"可是过了很长时间，上帝没有给我任何的回应。

　　有一天半夜，我在睡梦中突然被摇醒，睁眼一看是老婆。她说："老公啊，我头疼得厉害，你能给我揉揉吗？"要是过去，我一定很不耐烦地跟她说："哎，深更半夜的，人家睡得正香，把人家叫醒给你揉脑袋，你说你自私不自私呀？"可是那时候，我的生命已经比以前有了长进，虽然昏昏沉沉，头脑还不够清醒，但是还知道要忍耐。于是，我把她的头往我胸前一放，然后用十个指头按照她"左、右、前、后"的指挥给她揉起来。糊里糊涂也不知揉了多长时间，我想约摸有个把钟头，忽然听到老婆深深地叹了一口气："唉——！"我一听她有话要说，一下子就清醒了，竖起耳朵要听她说什么。

　　"男人要总是这样的话，哪个女人不愿意顺服啊！"我妻子感叹道。

　　听了这话我茅塞顿开，原来这是让妻子顺服的有效方法。这时候，我忽然听到心里有一个声音跟我说："你不是想让我把你妻子变得柔软一些吗？我告诉你，你就多多地给她揉吧，你越揉，她就会越软。"哇，太棒了！我找到拥有"柔软妻子"的秘诀了！我确信那秘诀来自于圣灵，而不是我自己，因为我知道自己没有这样的智慧。从那以后，我就经常为我的妻子做周身按摩，现在已经成了习惯。后来我的妻子也经常给我按摩肩膀，每当她这样待我时，我心里就高唱："哈利路亚！主啊，谢谢你！我尝到舍己的好处了。"

　　男人都希望妻子"柔软"一些，我已经将我的秘诀告诉你了，你就经常在家里给她按摩吧。一定要经常做，直到成为习惯。记住：你越揉，她就越软。

　　还有一样服侍，是丈夫可以挑战自己去做的，那就是给妻子洗脚。丈夫是家里的头，所以一般来说越发难以低下那高贵的头颅。降尊为卑的功课对每个男人来说都是难学的，然而基督在这方面为我们树立了榜样。

> 耶稣知道父已将万有交在他手里，且知道自己是从上帝出来的，又要归到上帝那里去，就离席站起来脱了衣服，拿一条手巾束腰。随后把水倒在盆里，就洗门徒的脚，并用自己所束的手巾擦干。（约13：3-5）

> 我是你们的主，你们的夫子，尚且洗你们的脚，你们也当彼此洗脚。我给你们作了榜样，叫你们照着我向你们所作的去作。（约13：14-15）

基督是我们的主，尚且能为他的门徒洗脚来表达对他们的爱，所以，我建议丈夫们，一定要找个机会以洗脚服侍自己的妻子，来表示你对她的爱意。即便你家里有浴室和洗澡设备，也不妨对你的妻子说："请你成全我，给我一个亲身效法基督的机会，让我来服侍你，给你洗一下脚吧。"然后打来一盆热水，端到妻子的面前，亲自脱去她的袜子，捧起她的双脚放进水中，然后用手轻轻地揉搓。要知道，你揉搓的是她的脚，温暖的却是她的心。尤其是当妻子很疲惫的时候，或是在外面受了委屈的时候，或者刚刚和你发生冲突之后，这洗脚的"大事"就更是势在必行了。

我向你保证，当你谦卑下来，完成为妻子洗脚的功课之后，上帝必给你赏赐。他会高举你，让你内心有一种得胜的感觉。因为耶稣说："凡自高的，必降为卑；自卑的，必升为高。"（太23：12）反过来说，当你抬高自己、在妻子面前盛气凌人的时候，基督会让你降卑，最终你心里会觉得自己很失败。

除此以外，丈夫们还应该做到：做决定前征求妻子的意见，考虑她的感受；先满足妻子的需求，而不是教会的需要；尽家庭的责任，而不是事工的责任。这方面的内容会在后文中详细阐述。

第三，不以自己的信心代替妻子的信心。

有一段时间，我的自我感觉相当好，因为我在家里总是"吃苦在前、享受在后"。比如在家里打扫剩饭的总是我，我简直就是家里的"泔水桶"。如果妻子问我今天晚上吃什么，我看到冰箱里有很多剩饭菜，就会说："先把剩的打扫干净。"如果看妻子不太高兴，我就会想："我们要节省，这绝对符合主的旨意，而且我是以身作则。你看，我来给你做个榜样，看看我是怎样效法基督的。"于是我将剩饭剩菜一一加热后，自己先盛上一大碗，大口大口地吃起来。妻子盛了一小碗，也默默地小口小口地吃。看到妻子不情愿的样子，我也问心无愧：我是个好"头"，这样"身先士卒"，你不效法我，说明你有问题——太娇气、怕吃苦、不属灵——毫无疑问，灵命还需要成长。

此外，每年我们都要多次到外地讲婚姻课程，所以跑机场是常事。每次我们夫妻俩收拾行装、打出租车到机场、验票、托运行李、过安检，都是匆匆忙忙的。好不容易忙完了，刚刚往候机室的椅子上一坐，妻子就开口说话了："大同，我渴了！"

"渴了？"我心想，"你怎么早不渴、晚不渴，偏偏进了候机室就渴？"要知道，那时候首都机场没有供应饮用水，只卖矿泉水。机场外面一瓶矿泉水只卖1块钱，可是进了机场就是6块钱。所以我左右掂量之后就劝她："其实我也挺渴的，可是这里的水太贵了，是外面的6倍。你再忍忍吧，一会儿上了飞机就有各种免费的饮料喝了。"

你看我说得多么在理，所有的男人都会认为我的话无懈可击。妻子不再叫渴了，可是她脸色很不好看。我还是"问心无愧"——我又不是叫你一个人吃苦，我比你还苦呢！锻炼锻炼吧，要不生命怎么长进？那时候我从心里觉得自己各方面做得很不错了，可是不知为什么我妻子经常说我苦待她，我听了简直委屈得不得了："我都这么好了，你还不满意！太不知足了吧？"所以我对她的指责常常予以强烈的反击。

有一次我和几个弟兄一起学习《罗马书》12章1节："所以弟兄们，我以上帝的慈悲劝你们，将身体献上，当作活祭，是圣洁的，是上帝所喜悦的，你们如此侍奉，乃是理所当然的。"反复读这节经文时，我就联想到这些事情，于是我祷告说："上帝啊，我真的觉得自己已经将身体当作活祭献上了，我在家里处处以身作则、吃苦在前，怎么妻子还说我苦待她呢？"

圣灵告诉我说："没错，你是把自己的身体当作活祭献上了，可问题是，你在把自己当作活祭献上的同时，也将自己的妻子当作活祭献上了。"

我疑惑道："这是什么意思？"

圣灵继续启示我："你很有信心，但是你不能用自己的信心代替你妻子的信心。你是为全家做了吃苦的榜样，但是你同时也强迫你的家人效法你，一定要跟你一起吃苦。你吃剩饭，大家就都要吃剩饭；你忍耐口渴，大家就都要忍耐口渴；你在前面走，他们都要跟在你的身后……否则，他们就是不属灵。"

我问上帝："我以身作则冲在前，要求他们跟上，难道有什么不对吗？"

我听到的回答是："主基督不是这样的。"

是的，主基督不是这样的。主的态度是：我受鞭伤，你得医治；我受刑罚，你得平安；我受咒诅，你得祝福；我流鲜血，你得生命。

上十字架时，他没有强迫门徒和他一起上十字架，或者说："我为你们做了这么大的牺牲，你们至少也应该挨一顿鞭子吧。"

这时我如梦方醒，看到自己的"自义"，深感对家人的亏欠。我联想到在工作和生活中常常看到的，很多人都是这样：只要我一干活，就得把周围的人都调动起来；只要我一吃苦，大家都得陪着我。这境界与主基督真是天壤之别。

所以做丈夫的，不仅仅是以身作则的问题，还要有自我牺牲的精神，不是大家都陪我一起牺牲。耶稣独自担当我们全部的罪，不是和我们一起担当我们的罪。明白这个道理后，我不再强迫妻子做什么，而是给妻子选择的自由，对妻子多方面的软弱也有了接纳的态度。以后再有剩饭的时候，我这个当"头"的，在心甘情愿吃剩饭的同时，也会给妻子做点新菜。以后到机场，妻子再说渴的时候，我就会说："好，我马上给你买水去！""6块钱一瓶太贵了！等一会儿到飞机上喝免费的饮料吧。"妻子回答说。你看，你不想买的时候，她觉得你心疼钱，不心疼她、不珍惜她，所以伤心难过；等你真要买的时候，她却要阻止你，因她心里已经感觉到甘甜了，渴在口里、甜在心里啊。

怎么办？我告诉你，离家时兜里放上一瓶水，到了机场，不等她说，就给她递过去。

第四，赦免其过、遮盖其罪，以此祝福妻子。

> 得赦免其过、遮盖其罪的，这人是有福的。（诗32：1）

什么样的人是有福气的人呢？圣经告诉我们，如果他的过犯能够得到赦免，他的罪能够被遮盖，他就是有福气的人。

关于"遮盖"，我们可以看看圣经中的例子。挪亚的三个儿子对父亲过犯的不同态度，可以让我们看到"遮盖"的重要性。

> 挪亚作起农夫来，栽了一个葡萄园。他喝了园中的酒便醉了，在帐棚里赤着身子。迦南的父亲含，看见他父亲赤身，就到外边告诉他两个弟兄。于是闪和雅弗拿件衣服搭在肩上，倒退着进去，给他父亲盖上，他们背着脸就看不见父亲的赤身。挪亚醒了酒，知道小儿子向他所作的事，就说："迦南当受咒诅，必给他弟兄作奴仆的奴仆。"又说："耶和华闪的上帝是应当称颂的，愿迦南作闪的奴仆。愿上帝使雅弗扩张，使他住在闪的帐棚里，又愿迦南作他的奴仆。"（创9：20-27）

挪亚在葡萄园里喝醉了酒，赤身露体地睡着了。作为三个儿子的父亲，他的行为有失检点。当时小儿子含首先看到了父亲的过错，他没有采取任何补救的措施，而是到外面以鄙视的态度告诉他的两个哥哥。闪和雅弗却拿着衣服，倒退着进去，遮盖父亲的身体，免得被别人看到。挪亚醒来后知道发生的一切，大大咒诅含的后代，却大大祝福闪和雅弗的后代。

我最初读到这一段故事很不理解，为什么因为这么点小事，挪亚就有这么截然相反的两种态度。原来挪亚就是从这件小事上看到三个儿子不同的内心世界。含的态度是看到别人有过失，就采取嘲笑、鄙视，而且张扬其过的态度。而两个哥哥看到别人的过失，就用爱心去"遮盖"其罪。他们为处在过犯之中的父亲考虑，连进去的方式都是倒退着走，以免父亲醒过来看到自己在儿子面前赤身裸体，就会羞愧难当。这些做法都出于对父亲的关爱。

我们都是罪人，基督却用他的宝血"遮盖"我们的过犯，所以我们都是有福气的人。

张扬其过与饶恕其过对一个人的生命有完全不同的影响，除了圣经中的记载之外，还有一个好例子就是《悲惨世界》里面的主人公冉阿让的故事。《悲惨世界》是雨果的著名作品，其中的主人公冉阿让年轻时因饥饿偷了一个面包，被送进了监狱，结果变成了真正的小偷。如果当初那面包店的老板能够有一点怜悯心，不把他交给警察，冉阿让是不会沦落成贼的。他刑满释放后来到一个小镇，那里的一个神甫怜悯他，招待他吃喝，并让他在自己家里住宿。谁知，冉阿让偷走了神甫家里的银器，并连夜逃走。警察抓到形迹可疑的冉阿让，将他送到神甫那里。当警察问神甫冉阿让是不是偷了他的银器时，神甫给了警察一个令冉阿让万万没有想到的回答："不，这是我送给这位先生的。"本应受到重刑的冉阿让因着神甫的怜悯而得赦免，他的心受到强烈的震撼。从那一刻起，冉阿让有了一个脱胎换骨的改变，最后他成为一个专门帮助穷苦人并深受爱戴的市长。

可见，张扬其过，使人成为真正的贼；而遮盖其罪，使得贼成为一个真正的好人。

在现实生活中，我们也可以看到这样的例子。我在辅导中，经常发现人们将自己丈夫或妻子在家中的丑事公之于众，贬低、嘲讽、数落。比如，某弟兄说："我妻子太懒，什么家务都不做、孩子也不管，还把家里的东西都拿到娘家去了。"某姐妹会说："嗨，我老公啊，不信主，成天就是打麻将、赌博。怎么说都没有用。"

这些话的目的，都是想说明婚姻出现问题，甚至走向破裂，全是对方的责任。这就是"张扬其过"的态度。这种态度只会将事情越办越糟，让两个人的关系越来越坏。我们做丈夫的，应该在这方面比妻子更大度一些，有男人的胸怀。可能有些事情的确是妻子的过错，但是如果丈夫能效仿闪和雅弗的做法，以饶恕其过、遮盖其罪的态度去对待自己的妻子，你的妻子定会感觉到你对她的爱。

比如妻子同婆婆的关系紧张，即便是妻子的软弱，丈夫也应该在自己的母亲那里遮盖妻子的过错，甚至将一些埋怨揽在自己的身上。而我们最常看到的是，当母亲在儿子面前述说儿媳的不好时，儿子为了表示自己的孝顺，就推波助澜地和妈妈一起对妻子大兴问罪之师。这不仅会适得其反地加剧婆媳关系的紧张，也会大大损害你们夫妻之间的关系。其实没有母亲愿意看到自己儿子的婚姻破裂的。中国人说："不孝有三，无后为大。"你得罪了老婆，连婚姻都没有了，还提什么有后无后？我就见到这样的一个家庭，婆媳关系不好，儿子坚决站在母亲一边，甚至不惜揍老婆。最后，儿媳妇将孩子带走了，不让丈夫和婆婆看孩子，老太太天天想孙子，最后反过来大骂儿子："我和媳妇有个磕磕绊绊，跟你有什么关系？害得我媳妇孙子都没了，你还我孙子来！"到头来你是"赔了夫人又折妈"，这样的孝顺是真的还是假的？

同样，当妻子在丈夫面前数落婆婆的不是时，丈夫也不要错误地认为，既然夫妻关系优先于母子关系，那么就与妻子建立统一战线，共同反击自己的母亲。这样就将妻子和自己都置于不义的地位。不仅父母不祝福你的婚姻，而且亲戚邻居也指责你们不孝，最后这种压力使你妻子心里也不痛快，你又是两边都不落好。此时，丈夫应主动地在妻子面前遮盖母亲的罪，并且能够将妻子对婆婆的埋怨揽在自己身上。我告诉你，这是亲身体会"替罪羔羊"是什么感受的机会，极其难得。你的妻子终究会领悟到，你的这种舍己，是为了婆媳关系的融洽，而这才是对她真正的保护和关爱。因着你的爱，妻子就有力量去为自己对婆婆的亏欠做出必要的补偿。

做丈夫的不要有这样的心态："这就是她的不对，她应该如何如何。"或者："明明是她的过犯，为什么要我担。"在饶恕其过、遮盖其罪的过程中，做丈夫的可能会感到极度委屈，但是，想一想，当初基督没有一丝一毫的过犯，却甘愿担当全人类的过犯。我们当效法主。

> 亲爱的弟兄，不要自己伸冤，宁可让步，听
> 凭主怒。因为经上记着："主说，伸冤在我，我
> 必报应。"所以，"你的仇敌若饿了，就给他吃；
> 若渴了，就给他喝。因为你这样行，就是把炭火堆
> 在他的头上。"你不可为恶所胜，反要以善胜恶。
> （罗12：19-21）

什么是"把炭火堆在他的头上"？是要烧死那个人吗？
不是的。但一盆红彤彤的炭火盆放在你头顶上，你会有什么
感觉？你会不敢抬头，因为一抬头就会被炙热的炭火烤得满
脸通红、汗流满面——这正是一个人羞愧难当的样子。所
以，当我们一味地以善报恶、以祝福对咒诅的时候，一旦对
方明白这一切，立刻会非常自责、认罪悔改，并恳求得到你
的宽恕。这种方式是征服敌对者的最佳方式，也会取得最好
的效果。

上帝命令我们对仇敌尚且要善待，何况是天天陪伴我
们、和一同承受生命之恩的妻子呢？所以，我们要以赦免和
遮盖的态度来祝福妻子的生命。

第五，在性生活方面要忠诚，并体贴妻子的感受。

男人要注意持守两性关系的圣洁，注意与其他女性保持
距离，不与异性单独在一起。

信主前，我在与女性交往时不晓得应注意一定的分寸，
男女同事之间打打闹闹，经常开一些轻浮的玩笑。信主后，
我了解到，轻浮的举止实际上来自我们里面的不洁净。我们

"既然蒙召，行事为人就当与蒙召的恩相称"（弗4：1）。尤其是开始做婚姻辅导工作后，我知道与其他异性保持一定距离，就是对自己另一半的尊重和爱。

"此外又拿着信德当作藤牌，可以灭尽那恶者一切的火箭。"（弗6：16）我们知道，世人很喜欢捕风捉影地传许多闲话和绯闻，就像恶者会想尽一切办法向我们发射火箭一样，你稍不留神就会被火箭射中。但如果你是有信德的人，就要注意用自己纯正的行为作为藤牌，将自己遮盖严实，不给撒旦留一丝一毫的破绽，不授人以柄。

我发现有些牧者缺乏这方面的教导，大大咧咧，不注意这个问题，结果被"火箭"射中，而陷进一些此类的麻烦之中。有一天深夜，一位教会带领人的妻子给我打电话，哭诉自己内心的不平安。仔细询问才得知，她家楼上住着一位单身姊妹，需要抬重物时丈夫就出手相助，妻子也很赞同。问题是丈夫上楼后，几个小时都不回来，妻子又气又疑惑，情急之下求助于我。丈夫回来后跟妻子解释说，这位单身姊妹有很多的烦恼要向他诉说，他作为一个牧者又不能不听。我对这位丈夫说，婚姻之外的男女，单独在一个没有外人的场合已经是很不合宜的，更何况待了这么久，等于听凭恶者向你射了几个小时的"火箭"，你岂不成了箭靶。

我个人在婚姻服侍中的经验是：各方面尽力注意，不给撒旦留破口。当有姊妹需要辅导时，我一般会带上妻子，或让对方带上另一个姊妹。若对方实在有隐私，不便第三者在场，我也会选择会场中一角，别人听不到谈话内容，却很容易看到我们。另外，我若一人开车，一般不允许姊妹单独搭乘。如果情况所迫不能推却的话，这次搭乘就一定有其他的弟兄姐妹知情，而且一定要她坐到后排。

上帝只为亚当造了一个女人，而不是多个，证明一个女人定能满足丈夫的各方面需要，包括性的需要。如果不认识上帝，不了解上帝对婚姻的美好旨意，我们就很容易把眼光盯在一些外在的东西上。可想而知，那样的话，想要恩恩爱爱地白头偕老就太难了，因为悦人眼目的光鲜不能长久。不可否认，在我信主前，妻子年轻、漂亮，对我有很大的吸引力。结婚一段时期后，矛盾渐渐凸显，我似乎觉得很多女人都比妻子好。当我信主之后，明白了上帝设计婚姻的初衷，上帝就在婚姻上给我祝福，帮助我去除了不圣洁的思想，让我专注于自己的妻子。奇妙的是，虽然现在妻子腰也粗了、脸也皱了，但我始终留恋她，觉得她对我来说是最好的。

当然，撒旦并不甘心，他总会编造许多美丽的谎言。对一个男人来说，最厉害的莫过于性方面的谎言。撒旦会告诉你：一个优秀的男人只拥有一个女人远远不够，你拥有的女人越多，证明你越成功。正因如此，稳固的婚姻对男人而言就愈加重要，可以帮助男人抵抗撒旦一切的进攻。

大家应该也注意到了，现代社会中，我们不用去寻找诱惑，诱惑到处在寻找你。色情服务者会通过旅馆、办公室、网络、信箱等途径主动找到你。我们办公室及家的门缝里常塞进来一串串色情服务名片：校园女郎、夜来香、快乐岛……24小时全方位服务。男人本身对性就有很强的内在需要，若婚姻生活不和谐、不拿着信德当藤牌，注定要在巨大的诱惑面前败下阵来。

在两性生活方面，除了要对妻子忠诚，还应特别关照妻子的需要。要重视男女性爱的不同特点，切忌自私。

丈夫如何做妻子的"头"

丈夫应该做仆人服侍自己的妻子，但不能光做仆人。丈夫更重要的职责是带领，如果意识不到这一点，就会带来严重的后果，产生很多弊病。

无原则地听从妻子的话可能会带来咒诅，最大的例子就是始祖亚当，因他一人的过犯，罪就入了世界，人类罪恶由此产生，人人都要承受死的诅咒。

> 又对亚当说："你既听从妻子的话，吃了我所吩咐你不可吃的那树上的果子，地必为你的缘故受咒诅。你必终身劳苦，才能从地里得吃的。"
> （创3:17）

我以前在阅读这段经文时有些不平衡：明明是夏娃先吃的果子，为什么给夏娃的诅咒只有一句（创3：16），而给亚当的诅咒却是三句（创3：17-19）？对亚当的诅咒也比对夏娃的更加严厉。上帝在这方面是否有失公允？后来，我经过长时间的思索才发现，原来上帝是最公义的。他按照犯罪的顺序来审判他们：先是蛇，然后是夏娃，最后是亚当。但是上帝命定亚当是夏娃的头，而且他的命令首先临到亚当，并要亚当将他的命令传给夏娃，所以，在亚当的责任范围内出现的任何失误，当然要由亚当来承担责任。

对于人类的堕落，亚当失职在哪里？

首先，他的失职表现在对妻子的犯罪采取妥协的态度。从《创世记》中我们知道，上帝要做头的亚当把上帝的命令传给妻子，并管理好妻子。不管夏娃是出于什么原因偷吃了分别善恶树上的果子，当夏娃把果子递给亚当时，他没有担当"头"的责任制止妻子，而是听之任之，甚至选择了同流合污，造成了人类的堕落。

其次，两人犯罪之后，亚当采取推卸责任的态度。犯罪后，亚当本当负起男人的责任，马上向上帝悔改，但是当上帝问责的时候，他将责任一股脑地都推给了上帝和自己的妻子："你所赐给我、与我同居的女人，她把那树上的果子给我，我就吃了。"（创2：12）因此，他受上帝更重的诅咒是应当的。

首先我们要明白，丈夫放弃"头"的责任，会带来哪些弊病？

男人并不是要一味地服侍，还必须要带领，因为这也是上帝赋予男人的重要责任。只服侍、不带领，或者只带领、不服侍，都不够完整，就像只用一条腿走路，因为他只完成了一半的责任。

几年前，一个电台的妇女节目播音员问我这样一个问题。她说，上海人正在讨论一个叫做"大上海、小男人"的话题。其实，在上海，有一个较为普遍的社会现象，就是许多白领女性在外工作，地位以及收入都比丈夫要高很多，却顾不上家里的事情，所以她们的丈夫索性辞去低收入的工作，就在家里系上围裙，主动承担起买菜、做饭、洗衣服、看顾孩子等工作。这些过去似乎属于女人的分内之事，如今都被丈夫接了过来。由于家里全部的经济收入都要仰赖妻子，按照社会上人们的眼光来看，妻子对家庭的贡献似乎要比丈夫大得多，所以当家里要做一些决定的时候，丈夫往往就感到底气不足，结果家里事无巨细自然而然地都由妻子说了算。许多丈夫却也乐得其所，心安理得地扮演起"家庭主夫"的角色。

媒体都说这样的分工很有好处，而且这样的家庭正在成为现代家庭的典范。那个播音员问我，这样的丈夫应该算是"模范"丈夫吗？这样的社会现象值得推崇吗？很多人都认为这是一种社会进步现象——妇女地位提高了！

其实对于这样的问题，我们不能简单地说"好"或"不好"，而是需要分析。如果单单讨论丈夫是否应该做家务的问题，我们可以毫不犹豫地肯定说："应该！"因为妻子是软弱的肢体，丈夫是强壮的肢体。但是，基于圣经的标准来看待这种现象时，就会发现这种家庭实在不能成为我们所要效仿的"典范"。这样的丈夫虽然勤勤恳恳做了很多仆人的工作，但按照圣经的要求，他丢掉了在家庭中做"头"的本职工作和责任。

弊病一：对夫妻二人各自性情的发展不利。

即便夫妻从经济利益的角度出发，达成一定程度的共识，一段时间内，表面看上去家庭还较为平静，你还是会逐渐发现，夫妻性情的发展开始出现错位：丈夫越来越缺少男人的阳刚之气，却多了许多婆婆妈妈、鸡毛蒜皮的性格；妻子越来越缺少温柔，却越来越像一个叱咤风云、不让须眉的"女丈夫"。

上帝不是这样创造男女的，违背了上帝设计的律，就会自食恶果。我们知道磁铁是阴性越阴、阳性越阳，磁力就越大，如果阴不阴、阳不阳，磁力就会减弱。这同两性关系是一个道理。夫妻角色不清，男不男、女不女，你想他们会和谐相处吗？丈夫和妻子都会渐渐对自我的现状失去安全感。

弊病二：对孩子的性情发展及未来角色的定位不利。

父母就是孩子的榜样，父母在平时生活中的一举一动，都会给孩子带来潜移默化的影响。这种家庭分工模式会给孩子带来性别角色认知上的混乱和困难。孩子从父母的身上看不到谁在"修理看守"，谁又在做助手，而父母的角色对人的性别特点以及品格塑造有着直接的影响。孩子没有概念，也没有榜样，性别特点不清晰，就会逐渐向中性、甚至异性的角色方向去发展。将来他们自己结了婚，同样不知道该怎样做。问一问"家庭主夫"的妻子：你愿意自己儿子将来找一个女强人，成为一个"家庭主夫"吗？你愿意自己女儿嫁给一个"家庭主夫"，并用她柔弱的肩膀单独挑起未来家庭生活的重担吗？我相信答案一定是否定的！

弊病三：对和谐关系的发展不利，增加第三者插足的可能性。

这种家庭模式中的夫妻关系很容易出现裂痕，因为它不仅违背了上帝创造男女时所设定的角色趋向，而且还违背了圣经予以规范的婚姻秩序。受经济支配权的影响，"头"和"助手"的位置必然会逐渐被颠倒过来。久而久之，丈夫会产生自卑心理并逃避责任，而妻子很容易从态度上轻视自己的丈夫，并更加掌控："本来钱就是我挣来的，当然我要说了算。"

这种状况也会成为促成婚外情发生的主要因素。虽然表面上看来，夫妻二人都认同这种颠倒的角色安排，但是他们各自内心深处一定不会得到满足和平安，都会渴望上帝当初所设计的那种美满的婚姻，即便是那些不认识上帝的夫妻也必定如此。所以，他们中的一方极有可能会出现婚外情。

妻子会被比自己更加能干、更有社会地位、更具男人魅力、更令自己佩服的男士所吸引，因为女人是软弱的，她需要的是安全感。她所处的交往环境为她提供了大量的机会，去单独面对诱惑。在这个环境中，经常有许多成功、潇洒、能说会道、会讨女人喜欢的男士涌现。女人将这些男人与丈夫比较，产生失落感，加上她天性就需要比自己更强的男人，这就会悄然促成婚外情的发生。据《深圳特区报》2007年8月23日"十五时期广东妇女发展报告"所发布的信息，同样是成功的人士，成功女人比成功男人的离婚率高4倍。

与此同时，丈夫也会被比自己的妻子更加温柔、更加体贴、更加钦佩自己甚至依赖自己的女人所吸引，因为男人是有尊严的，他需要的是成就感，这样的女人使男人感到自己像个顶天立地的男人。

一个要安全感，一个要成就感，而二人又都不能从对方身上得到，其结果就可想而知了。这种状况对于一个家庭来说，将是非常糟糕的事情。

我接触到的一对夫妻就是如此，他们一起经营一家公司，妻子比丈夫聪明能干，所以，她认为公司的成功主要是因为自己，就有些轻视丈夫。从此以后，她事事自己做主，丈夫成了她的助手。不久，她发现丈夫有了外遇，她感到天都要塌了，心想："我为这个家什么都牺牲了，而且为你挣了这么多钱，你怎么还能有外遇？这么绝情！"她对我说："最令我不能忍受的是，如果他的情人是个比我漂亮、聪明、能干的女人，我也服气。可是我一看那个女人，论长相、身材、学历、能力，样样都不如我，是个拿不出手的柔弱女人。"我说："对了，你丈夫需要的就是这样的女人，她不需要你的钱、你的成功，他需要的是妻子、女人。他在这个女人的身上找到了做男人的感觉和尊严，可是在你那里找不到。他在你身边总觉得自己是你的附属品。"

事实果然如此，虽然后来那位妻子想方设法改变过去的态度，但是，到了必须二选一的时候，丈夫还是选择了那个第三者。他说："我是做了错事。事到如今，我不想再做什么解释。我决定和你离婚，和那个女人结婚。因为你很能干，离了我，你也能生活，或许会活得更好。可是那个女人说她离了我不能活，她就依靠我了。所以，我还是跟离了我不能活的女人一起生活比较踏实。"

我并不认为这个丈夫有理由离婚，而是作为一个反面的例子来说明，每个男人的内心都有要在家里做"头"、做大丈夫以及被需要、被依靠的愿望，那是上帝创造他们的时候就放在他们里面的。然而，所谓现代思潮的影响，泯灭了许多男人内心的动力，使得男人越来越不像男人，越来越不讨上帝的喜悦。对于这样的境况，男人自己要承担大部分责任，但是妻子们也应该清楚地了解男人的内心世界：他们要支撑一个家，要成为一个女人的保护伞，要活得像个男人。

那么，丈夫如何做头呢？

我们做丈夫的必须勇敢地承担起家庭领导人的责任，因为那是上帝指定的。上面的分析都是为了要坚定我们做头的信心，下面我们就要谈谈如何做好这个头，去带领我们的妻子。

那么，丈夫要如何带领妻子呢？一是要在灵命上带领妻子，二是要做全家的好榜样。

第一，在灵命上带领自己的妻子。

> 你们作丈夫的，要爱你们的妻子，正如基督爱教会，为教会舍己。要用水藉着道把教会洗净，成为圣洁，可以献给自己，作个荣耀的教会，毫无玷污、皱纹等类的病，乃是圣洁没有瑕疵的。（弗5:25-27）

丈夫要做妻子的"先知"，来领导妻子。

有一次在讲座中，我们让妻子们讨论"你觉得丈夫在什么时候最具有男人气"这个话题，结果，多数妻子认为："当丈夫能将圣经话语的真谛挖掘出来、按照圣经原则去行的时候，我觉得他最有男人气。"

前面我们已经领悟到上帝的旨意是要丈夫做家庭的领导，而且上帝让我们明白，最能够确立男人领导地位的，不是肌肉的力量、头脑的知识、双手的灵巧，而是对上帝旨意的心领神会。

据圣经记载，上帝给予人类的第一个旨意是他亲自口授给亚当的，因为当时还没有造夏娃。这就给我们一个很清楚的信息：上帝本意是要亚当（丈夫）将他的旨意传达给夏娃（妻子）。原因很简单，上帝要男人在未来的婚姻关系中成为女人的头，这给我们做丈夫的一个很大的挑战——我们必须成为妻子的"先知"。

什么是"先知"？就是先于其他人领受上帝的旨意，并且将这旨意准确地转达给世人的人。那么我们做丈夫的也要先于妻子知道上帝的旨意。如果丈夫不能先于妻子知道上帝的旨意，你把什么传达给你的妻子？你又凭什么去带领妻子甚至全家呢？丈夫就好比军队中的班长，如果班长没有从上级那里得到指令，他向全班战士传达什么呢？记住：上级的指令通过谁传达下来，谁就是实际上的领导。

现在，许多家庭中都是妻子比丈夫更先了解上帝的旨意，她们比丈夫更加渴望得到上帝的真道。实际上，妻子心里都是希望丈夫能够在属灵方面带领自己的，然而现实常常事与愿违。这里不是批评妻子太超前，而是丈夫太滞后，属灵责任感不强，对上帝的话语缺乏追求。所以，妻子即便有一颗愿意顺服的心，也仍然会感到：要顺服一个完全不了解上帝旨意的男人，真是太痛苦了！

因此，丈夫要追求属灵生命的长进，以自己成熟的生命使妻子成圣。圣经上说，教会本不是圣洁的，然而基督借着真道，一天一天、一点一点地"把教会洗净"，使教会越来越"成为圣洁"。到末后的日子，当他来迎娶教会这个新妇的时候，教会就能够以非常荣耀的、毫无玷污瑕疵的、圣洁的面目来迎接基督。

同样，我们虽然都已经得救，但并不是一下子完全圣洁、没有瑕疵了。我们还是罪人，里面还有老我的存在，我们只是因信而称义。所以，丈夫应当借着从圣经中所领悟的真道，不断地去洗净我们的妻子，使得她们逐渐成为圣洁、没有瑕疵的妻子。这里所讲的就是，丈夫要成为妻子属灵的带领者，使妻子能够从丈夫那里不断得到灵命上的滋养。这也是妻子们所期望的。

第二，流淌出基督的活水，做全家的好榜样。

丈夫要流淌出基督的活水，也就是让妻子从我们身上看到美好的见证，看到主基督耶稣的影子。这就是说，我们必须要比我们的妻子更加圣洁，要成为妻子愿意效法的榜样，否则你怎么将你的妻子洗净呢？

保罗在这里要求丈夫身体力行地行出自己领悟的真理，以自己的好行为去带领、感化、鼓励、造就自己的妻子，使妻子不断在灵里有所长进，并逐渐成为圣洁。就好比基督使教会满有上帝的荣耀，教会也是基督的荣耀；同样，丈夫也要使妻子满有上帝的荣耀，妻子本身也会成为丈夫的荣耀。

因此，丈夫不能以权柄强迫妻子顺服，而要以基督的爱来爱妻子。基督是怎样爱我们这些罪人的，丈夫也要照样爱妻子。

> 耶稣叫了他们来，说："你们知道外邦人有君王为主治理他们，有大臣操权管束他们。只是在你们中间不可这样。你们中间谁愿为大，就必做你们的用人；谁愿为首，就必做你们的仆人。正如人子来，不是要受人服侍，乃是要服侍人，并且要舍命，作多人的赎价。"（太20：25—27）

我们对妻子的爱应表现在生活所有的层面，包括灵里的生活，比如灵修、祷告、灵命的长进等方面，也包括现实的生活，比如衣食住行、工作等方面，处处都要滋润自己的妻子。基督在教会的地位不是凭空而来的，而是他舍命得来的。他先舍命，众信徒才尊他为头，并不是"你们尊我为头，我才舍命"。

我们看下面的图解：

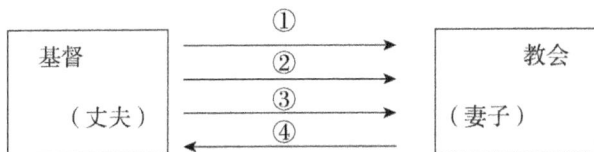

丈夫预表的是基督，妻子预表的是教会。

箭头①表示基督是教会的头，他带领我们、牧养我们；箭头②表示基督爱我们，无条件地接纳我们，饶恕我们一切的过犯，并赐我们平安喜乐；箭头③表示基督为我们舍命，为我们的罪死在十字架上；箭头④表示教会的顺服——当我们明白这一切的时候，就只能心悦诚服地向他跪拜，并顺服他。

基督用"带领"、"爱"和"舍己"，赢得教会的顺服。我们做丈夫的也要像他那样，用这三个方面的努力去赢得妻子心悦诚服的顺服，而不是被迫的顺服。

说到为家人舍己、不强迫顺服，我有一个亲身经历。这事发生在国家开始实行国庆七天长假的那年。七天的长假对家庭来说是多大的福分啊！平时大家都忙于各自的工作、学习，聚少离多，长假期间终于可以多花时间在一起了。当时我在一家美国公司任职。我们老板决定利用这长假，再加一周，给骨干们一次去欧洲培训的好机会。当领导把宝贵的名额给我时，我真是欣喜万分。这些年到处去受培训或培训别人，去过的国家不少，就是没有去过欧洲。我一回家就迫不及待地向我的妻子、儿子宣告："告诉你们一个振奋人心的好消息，我终于有机会去欧洲旅游了。"没想到我这振奋人心的好消息没让妻子、儿子振奋起来，两人反而一反常态地沉默。过了一会，只听我妻子叹了一口气说："儿子啊，咱娘俩这七天可怎么过啊！"我一听就明白了，原来他俩都指望我能和他们一起过这个特别的长假呢！没有我，他们将会度过一个很无聊的假期。于是我的兴奋劲也没了，开始左右为难：一面是自己盼望已久的欧洲之旅，一面是家人盼望已久的家庭假期生活。我还真是比以前长进了不少——经过祷告和沉思，我毅然决定放弃自己的欧洲之旅，成全家人的期盼。我一回家就宣告："再告诉你们一个振奋人心的好消息！"他们一点反应也没有。但是当得知我不去欧洲之后，妻儿真的非常振奋。结果，我们全家过了一个无比喜乐的假期。从这件事中我体会到，无论多大的事情、多贵重的东西，都无法超越亲情，而当我们对家人真正有舍己的爱时，就很容易赢得家人心悦诚服的顺服。

修理看守的职责

> 万军之耶和华如此说："你若遵行我的道，谨守我的命令，你就可以管理我的家，看守我的院宇；我也要使你在这些站立的人中间来往。"（亚3：7）

> 耶和华上帝将那人安置在伊甸园，使他修理看守。（创2：15）

从圣经中可见，在世上，男人的任务就是修理看守上帝所托付的产业。

为了使男人完成修理看守的任务，上帝赐给他们比女人更理性的思维方式。比较而言，男人的确更理性，女人则更感性、更情绪化。因此，男人认识到这一点后，就应当承担起掌控大局的责任：在家庭需要做决定时就要站出来，冷静地做决定；在家人面临困境时就要平定混乱、安慰妻儿……

　　为了使男人完成修理看守的任务，上帝赐给他们比女人更加强健的身体。比较而言，男人有着比女人更结实的肌肉、更坚强的骨骼和更宽阔的肩膀。因此，无论是在外面还是在家里，男人理当多承担脏活、累活和危险的体力活，一有需要就冲在前头。如果片面强调男女平等而让女人干这些活，对女人反而不公平了。

　　我过去不了解这些真理，结婚以后常常为谁带孩子、谁买菜做饭等琐碎的事情与妻子讨价还价。我老是想："你上班，我也上班，家务也要平分。"当我明白了男人的责任后，我很为自己当初不够"男人"的想法和做法而惭愧。从此，每逢两个人都很累的时候，我就会让妻子休息，自己去做饭。我只有一个儿子，心里舍不得让他干活，但一想到以后他要"修理看守"，我就会对他说："儿子，为了让你以后能承担起修理看守的职责，现在去洗碗吧。"我常常教导他：丈夫是家庭的支柱，必须吃苦在前、享受在后。

修理看守带来的益处

　　男人在家中承担好"修理看守"的职责有以下四大益处。

第一，通过培养家庭责任感来增强社会责任感和使命感。

家庭是社会的细胞，作为男人首先要管理好自己的小家，才能进一步在社会上有所作为。也许有人认为：有人管不好自己的家，却能管理好一个企业、一个国家。上帝却不这么认为。因为我在这里不是讲管理的能力，而是讲忠心、品格。耶稣说："人在最小的事上忠心，在大事上也忠心；在最小的事上不义，在大事上也不义。"（路16：10）保罗也说："人若不知道管理自己的家，焉能照管上帝的教会呢？"（提前3：5）

看到西方国家的总统在出席一些活动时总会带着全家人，我们也许会想：选举是个人的事，跟家庭有什么关系？其实关系大着呢。这些西方国家往往都是基督化的国家，他们深知家庭的重要，认同"人若不知道管理自己的家，就不能管理一个国家"的理念，因此他们在想向人民展示：我是爱家的，是有家庭责任感的男人，同样，我也有社会责任感，可以放心把国家交给我管理。

第二，通过做家务培养一颗谦卑的心。

人若不做谦卑的事，就不能锻炼谦卑的心。尤其是在外面很有成就的男人，更要注意这方面品格的锤炼。因为人总是那么有限，稍微有点成绩就容易沾沾自喜。虽然表面不说，但是内心的骄傲是难免的。所以，回到家里不时挽起袖子做些最脏、最卑微的活，一定有助于提醒我们自己：我不过是个普通的人。意识到这点之后，我就很乐意干家务活，还专门购买了各种修理工具，以保证家里的所有设备运转正常。

有人认为，我在外面一小时可以赚很多钱，这些琐事请个小时工或保姆，十几块钱就搞定了。这种态度正暴露出骄傲和错误的价值观——用金钱来衡量一切。如果你把做家务看成是打造自己品格的机会，做家务在你眼里就会很有价值。我曾到鼎鼎大名的美国家庭生活协会主席丹尼斯·雷尼先生（《踏上红地毯》的作者）家做客，那天，他围上围裙，亲自为我们烤火鸡，忙前忙后。那一幕给我的震撼很大。

第三，通过做家务给妻子安全感。

当丈夫在家里做这些琐事时，妻子会感到"他真的很爱这个家"，从而很有安全感。可以说，男人做家务是向妻子示爱的最有效方式之一。

第四，通过做家务给儿女树立好榜样。

男人在家里的行为对儿女有很大的影响。他会成为儿子的榜样，让儿子懂得自己以后在家庭中的角色；他会成为女儿选择未来丈夫时的参考标准，为女儿提供一个健全的男人形象。

修理看守的几大误区

在履行修理看守职责的时候，我们常常遇到误区，而这些误区通常跟家庭事务与教会事务的平衡有关系。我们在这里要谈及的几大误区是比较典型的，希望丈夫们看了之后可以省察自己，准确定位自己的职责所在。

误区一：不先管理好自己的家，而更热心于管理教会。

目前在教会中，这样的情况非常普遍，就是将家庭与传福音的工作割裂开来，认为要传福音就一定不能顾家。然而，我们应该知道：建立基督化的家庭也是我们的事工，而且是事工中最为重要的部分。因为家庭是教会的基础。没有巩固、健康、和谐的家庭，就没有健康的教会。

保罗说："人若不知道管理自己的家，焉能照管上帝的教会呢？"（提前3：5）这说明保罗是将"管理自己的家"放在"照管上帝的教会"之先。为什么？因为耶稣说："人在最小的事上忠心，在大事上也忠心；人在最小的事上不义，在大事上也不义。"（路16：10）

我们常常看到教会中的这种倾向：为了教会抛家舍业。许多人认为那样是爱主的表现，其实那是对圣经话语片面的理解。持这种观点的人常常引用的经文是："人到我这里来，若不爱我胜过爱自己的父母、妻子、儿女、弟兄、姐妹和自己的性命，就不能作我的门徒。"（路14：26）"我实在告诉你们：人为上帝的国撇下房屋、或是妻子、弟兄、父母、儿女，没有在今世不得百倍，在来世不得永生的。"（路18：29-30）

然而，这两节经文实际上在谈什么呢？是让我们放弃为人丈夫、为人父亲的责任吗？不是的！其实耶稣在这里所说的是优先次序的问题，是阐明我们与基督的关系永远是我们生命中最重要的关系，其次才是夫妻关系、亲子关系、父母关系等其他人际关系。如果你没有摆正优先次序，你的生活就必然一团糟。因为，没有与基督建立关系，你就不知道当如何爱你的家人、朋友和其他人。如果其他人际关系成为你与基督的关系的阻碍，引诱你离开基督，甚至与基督对立，那么，在二者必择其一的情况下，你就应该舍弃这些关系，而毫不动摇地跟随耶稣。总之，人与上帝的关系是一切其他人际关系的根本，保住这个根本，其他的关系就会自然和谐。如果你忽视第一关系而关注于其他关系，结果其他关系也必然是逐渐走向败坏，导致人类的各种罪恶。

误区二：爱教会过于爱家人。

圣经说爱你的家人不能过于爱基督，但没有说爱家人不能过于爱教会和事工，基督与教会、事工是不能混淆也不能等同的。教会不是基督，教会是基督的"妻子"。而我们当效法基督，像基督爱教会那样爱我们的妻子，而不是舍弃自己的妻子去爱教会，因为连家人都不爱的人就不可能真正爱教会。

对于一个男人来说，管理好自己的家是最基本和首要的任务。首先在自己的家里打磨好自己，当好丈夫和父亲，成为一个合格的家庭带头人，你才有资格去带领一个教会。保罗在《提多书》1章6节中提出了设立教会长老的标准："若有无可指责的人，只作一个妇人的丈夫，儿女也是信主的，没有人告他们是放荡不服约束的，就可以设立。"保罗在这里没有说做长老的需要多么高深的知识、多么丰富的经验、多么敏捷的思维、多么激动人心的讲道能力，而是特别提出一些常常不被人看中的条件。原因很简单：人在最小的事上忠心，在大事上也忠心。

　　"无可指责"是指一个人经得住推敲的品格，而不是超人一等的能力；"只作一个妇人的丈夫"，是指在婚姻和两性关系方面的圣洁和忠诚；"儿女也是信主的"，是指在子女教育和为子女做榜样方面有好见证；"没有人告他们是放荡不服约束的"，是指具有谦卑顺服的心态；"就可以设立"，意思是说"具备以上这些，就合乎标准了"。

　　保罗在《提摩太前书》3章12—13节又提到做执事的标准："执事只要作一个妇人的丈夫，好好管理儿女和自己的家。因为善作执事的，自己就得到美好的地步，并且在基督耶稣里的真道上大有胆量。"

　　保罗的意思十分清楚：不论是长老还是执事，都需要在婚姻和子女教育方面有良好的见证。在这几个方面做得不好的人，是不能做教会领袖的。保罗还说过："人若不看顾亲属，就是背了真道，比不信的人还不好。不看顾自己家里的人，更是如此。"（提前5：8）为什么"比不信的人更不好呢"？因为你是明知故犯。

　　因此，一个人希望他的亲人信主的迫切程度，反映了他对基督救恩的理解程度。如果我们真正看重救恩，自然会将它首先传给自己的亲人。因为人的自然反应，一定是把最宝贵的东西先给最爱的人。

　　《马可福音》5章讲述了耶稣解救了被鬼附着的格拉森人的故事，当这人要跟从耶稣时，耶稣对他说："你回家去，到你的亲属那里，将主为你所做的是何等大的事，是怎样怜悯你，都告诉他们。"（可5：19）

　　我们可以看到圣经中有许多一人带领全家得救的故事：挪亚得到上帝要降洪水的指示，就带领着全家造船，一家八口都因此而得救；罗得知道所多玛城即将焚毁的信息后，带领全家四口逃离，结果除了他的妻子因留恋所多玛城的生活而变成盐柱之外，他和两个女儿都幸免于难；喇合因信以色列的上帝，保护了两个探子，结果按照应许，使全家进入有记号的房子，躲过了战争的灾祸。可见，上帝希望我们能够成为让全家蒙福的管道，借着我们将福音传递给家人。

为什么保罗将"儿女也是信主的"作为选择教会领袖的重要条件之一呢？因为妻子和儿女信仰的状况，间接地反映出本人的信仰状况。正常来讲，人们会将自己心目中最宝贵的财富留给谁呢？当然是给自己最亲最爱的人。我们认识主基督耶稣以后，才知道得到十字架的救恩对我们一生来说才是最为宝贵的财富。那么顺理成章，我们自然会首先将救恩传给自己的亲人才对，因为我们最爱他们，不愿意看着他们失落。

但是，在我们中国教会中有一个很普遍的情况，就是许多基督徒热衷于到外面去传讲救恩，对于自己的配偶和孩子是否得到救恩似乎不太在意。这就十分令人费解了。基督的救恩对他们而言，到底是不是生命中最宝贵的事情？不信的人是不是真的会受到审判，最终在黑暗中哀哭切齿呢？如果他们确实相信这是千真万确的，却又不把配偶或孩子得救的事情放在首要位置，那么就说明配偶和孩子不是他们最爱、最关心的人；如果他们认为配偶和孩子的确是自己最亲爱的人，却没有将配偶和孩子的救恩放在首要位置，那么就说明对于他而言，救恩并不是最宝贵的财富。

多年以前，我刚刚信主不久，也是热衷于外面的工作，那些工作使我很受人们的钦佩和尊重，让我感觉到自己很有价值。有一次我们的牧者说："相信自己今天死了一定会去天堂的举手。"绝大多数人，包括我自己在内，都没有举手。那一次的问题使我重新思考自己信仰的根基。当我真正认识到救恩关乎每个人的归宿的时候，我马上就将我儿子、父亲、母亲、兄弟姐妹的救恩放在自己工作中最为优先的位置了。理由很简单：我爱他们，他们是我最亲近的人，我决不能眼睁睁地看着我最亲爱的人失去救恩。几年来，我的亲属大多都信了主，还有几个没有领受且很拒绝，但是我心里很平安，因为我已经在上帝面前尽了我最大的努力，结果就交托给上帝吧。我仍旧在为他们祷告，因为我不愿意我的亲人中有一个错过救恩。

误区三：用事工衡量我们的属灵状况。

许多传道人都将自己手中的事工放在最首位，以为这是属灵的标志。其实我们手中事工的大小、成败，并不能说明我们属灵的境况。原因有三。

首先，即便我们总是忙于事工，自己也有可能被弃绝。

> 凡称呼我"主啊，主啊"的人，不能都进天国；惟独遵行我天父旨意的人，才能进去。当那日，必有许多人对我说："主啊，主啊，我们不是奉你的名传道，奉你的名赶鬼，奉你的名行许多异能吗？"我就明明地告诉他们说："我从来不认识你们，你们这些作恶的人，离开我去吧！"（太7：21-23）

> 我是攻克己身，叫身服我，恐怕我传福音给别人，自己反被弃绝了。（林前9：27）

其次，人传福音可能出于各种目的，不一定是爱主的表现。

> 有的传基督是出于嫉妒纷争，也有的是出于好意，这一等是出于爱心，知道我是为辩明福音设立的。那一等传基督是出于结党，并不诚实，意思要加增我捆锁的苦楚。这有何妨呢？或是假意，或是真心，无论怎样，基督究竟被传开了。（腓1：15-18）

第三，即便圣灵通过你工作，也不能证明你本人的灵命必然很好，因为我们都不过是上帝的器皿，引领人信主是圣灵自己的工作。

所以，我们不能根据一个人事工成绩的好坏、带领信主人数的多少、所领导教会规模的大小来衡量他的灵命状况。从世人的角度来看，耶稣的事工是最失败的：他一共只有12个门徒，其中一个出卖了他，另外11个在他被捕的时候都四散奔逃；屡次表示忠心、意志最坚定的彼得竟然在众人面前三次不认他。还有比这更失败的工作吗？然而，他的品格却经受住了历史上最为严酷的考验，上帝将他高举，赐给他那超乎万名之上的名。

误区四：注重"因行为称义"而不是"因信称义"。

虽然我们都懂得"因信称义"的道理，但是具体在生活中，还是有许多人以为自己多多参与事工，就会更蒙主的祝福。于是很多人或者成天泡在教会里，或者走访、探望，或者参加一个接一个的培训、聚会、祷告会、神学班等，连家都不要了，结果落入"因行为称义"的误区中。有一个姊妹听了我的讲座之后，很愧疚地跟我说："袁老师，我现在知道我当初认识真理有很大的问题。我曾经参加过一个15天的培训班，地点离我家很近，就十多分钟的路程。可我为了表明属灵和爱主，竟然一天都没有回去过。等我15天培训结束回到家时，丈夫买菜去了，孩子一个人在家孤零零地做作业，脸和手都脏兮兮的，衣服也都是汗渍，几天没有洗了。"说着，眼泪顺着她的脸颊流了下来。

《哈该书》2章12-14节说："'若有人用衣襟兜圣肉，这衣襟挨着饼，或汤，或酒，或油，或别的食物，便算为圣吗？'祭司说：'不算为圣。'哈该又说：'若有人因摸死尸染了污秽，然后挨着这些物的哪一样，这物算污秽吗？'祭司说：'必算污秽。'于是哈该说：'耶和华说：这民这国，在我面前也是如此；他们手下的各样工作都是如此；他们在坛上所献的也是如此。'"

这里是说，当初以色列人在重建圣殿的时候，他们知道亲手建造耶和华的圣殿，就是参与世界上最神圣的工作，所以认为参与这项圣工的人也就自然而然地成为最圣洁的人了。在这种情况下，上帝借着哈该的口纠正他们错误的心态，告诉他们：人们不会因为手中所做的圣工而自然而然成为圣洁，却会因为每天与污秽的世界接触，很容易沾染污秽。

从这段经文中我们应该领悟到：我们不会因为每天忙于教会的事务、忙于传讲福音、忙于学习神学等自然而然成圣。这些事情当然会有助于我们成圣，却不能保证我们必然成圣。因为，成圣的关键在于我们个人与基督的关系。这关系越亲密，我们就会越看到自己的污秽；越看到自己的污秽，我们就越会认罪悔改；认罪悔改才能不断洁净自我，这也是我们个人品格被打造的艰苦而漫长的过程。

> 众人问他说："我们当行什么，才算作上帝的工呢？"耶稣回答说："信上帝所差来的，这就是作上帝的工。"（约6：28-29）

误区五：这些事离了我不行。

有什么事情是上帝不能做而一定要我们来做的吗？没有！他是全能的上帝，在他没有难成的事。我儿子小的时候，我家沙发的几个弹簧断了，于是我买了新的弹簧和麻绳来修理沙发。当时，我让不足10岁的儿子跟我一起干，让他给我剪麻绳、递钉子、扶弹簧等。我真的需要他帮忙吗？其实他还不够给我添麻烦的呢！我不过是在锻炼他的品格，为的是他以后能"修理看守"自己的家。在工作中我要他做的，就是听我的支使，我要你做什么你就做什么，不要乱动。有时他以为自己看懂了，就会不听指挥贸然行事，结果不是弄坏东西，就是弄破自己的手。

我们做事工也是如此。耶稣是上帝，他完全可以自己去做的。我们的参与常常就像儿子帮我修沙发一样，还不够给他添麻烦的呢。但他要我们与他同工，为的是用各种的环境和工作来锤炼我们的品格，打造我们的生命，让我们今后越来越像他。我们所要做的就是听他的命令，不要凭想当然做事。当我们的品格和性情越来越像基督的时候，当我们里面自然流淌出基督的活水的时候，我们才是真正属上帝的人。所以说，基督不看重我们做什么，而更看重工作背后的那颗心。

我们常常做很多的事情，牧养教会、传讲福音、讲演布道、学习神学等等，但动机若不纯，就不能讨上帝喜悦，因上帝不看我们做的事情有多大、多么漂亮、多么有效果，他要看我们的心态和目的。我们之所以做这些事，是要证明自己的价值，还是想得到荣耀？是要享受被人簇拥的感觉，还是想建立一个属于自己的王国？是要借助事工来得到经济的来源，成为谋生的手段，还是仅仅因爱主的缘故，被主的爱激励而甘心乐意摆上自己？

当你感到自己被套上了一个不能卸下的轭，不能停下来，不能安息在上帝的面前静静聆听他的声音的时候；当你过分看重自己在他人眼中的形象，过分在意别人如何评价你，而不敢坚持圣经原则，向一些人妥协的时候；当你被任务驱使，总是亏欠自己的家人，心中失去平安的时候……你就要认真反省一下自己做事的动机了。

我们好比上帝手中的盘子，洁净的就会讨上帝的喜悦，并蒙上帝的使用。所以，当我们信主之后，上帝会通过各种环境不断打造我们的品格，就像是在清洗污秽的盘子，当盘子越来越洁净的时候，上帝才能真正使用我们。他使用我们不是因为我们聪明、能干，而是因为我们越来越圣洁。而我们也不应因上帝使用自己而骄傲，因为我们深知那工作其实不是我们做的，而是圣灵透过我们做的。我们由于上帝的工作而得荣耀，实际上那是上帝的荣耀。

基督徒是月亮，基督是太阳。生活在黑夜中的人们看不到太阳，自然也就认识不了太阳，但是他们可以看到月亮。当月光皎洁的时候，人们得知月亮本身是不会发光的，而是反射太阳的光，就会将赞美归于太阳，并由此而认识太阳。

> 人若自洁，脱离卑贱的事，就必作贵重的器皿，成为圣洁，合乎主用，预备行各样的善事。
>
> （提后2：21）

修理看守的"三部曲"

我相信每一个想要修理看守并做"头"的丈夫，都免不了要经历生命成长的几个阶段，我自己把它归结为成为"仆人式领导"的三部曲：你做，我也做——自我阶段；我做，你也做——交换阶段；你不做，我也做——舍己阶段。

阶段一："你做，我也做。"

归向基督以前或与基督的关系还不是十分亲密的阶段，我们会表现出这种特点。这时，我们的眼睛一般都会死死地盯在妻子的身上，心态大致是"你做，我也做；你不做，我也不做"。

在这个阶段，我们看问题往往都是从自己的角度出发的。我们的表现是反应性的，完全被妻子的表现所左右。也就是说：我怎样对待你，完全取决于你怎样对待我。

第一阶段是生命更新的一个痛苦的过程。我接触到的婚姻冲突案例，最常见的是发生在第一阶段的。形成这种态度的根源在于，丈夫完全不知道上帝要男人承担的角色是什么，因此没有把自己放在一个"头"的地位上，更不知道自己在家里所肩负的责任，认为既然男女平等，那么就应该什么都平等。大到对家庭的责任、对孩子的教育、经济决定权，小到买菜、做饭、刷碗等家务事，甚至日常生活中一些鸡毛蒜皮的小事，什么都与比自己软弱的妻子斤斤计较。逐渐，男人变得很琐碎而没有了宽广的心胸，所以在老婆眼里越来越不像个男人。这样，她们怎么会从心里尊重自己的丈夫呢？

我自己的经历以及在婚姻讲座中众多参与者的经历证明：因着丈夫对自己角色的认识逐渐清晰、深入，这种情况往往会得到改善，由此进入第二个阶段。

阶段二："我做，你也做。"

这是我们转变的初始阶段，我们明白了一些圣经的道理，能够谦卑下来，开始反省自己的不足和对妻子的亏欠，但是还没有完全将目光从对方的身上移开。在这个阶段，我们会认为，作为男人，我可以以身作则并行动在先，但是你做妻子的最起码也应该对我的转变有一个积极的反应。这实际上是一种期盼自己的付出能够得到回报的心态，潜意识里还是要改变对方，所以不是完全的舍己。

我在第二个阶段彷徨的时间最长。在我经常宣讲婚姻中丈夫为妻子舍己的最初几年里，我实际上也并没有真正了解"舍己"的含义。那时候我经常听到的，都是那些做妻子的向我抱怨她们的丈夫如何对家庭没有责任感。这些抱怨使我越发感到自己是个很称职的丈夫，对老婆和家庭已经十分"舍己"。

我不仅为家里提供经济支持，同时还帮助修复了许多濒于破裂的婚姻关系；回到家后我还主动承担了许多的家务；百忙之中，我还挤出时间陪妻子、儿子和父母……虽然说不上是完美无缺，起码也称得上是尽心尽力、忠心耿耿了吧？

许多丈夫可能都会有这样的经历和想法：我们在家里做了那么多事情，但不知为什么，最难的就是赢得老婆的钦佩。我琢磨了很久才发现原因在此：男人做了一些事情之后，要么马上报功——"我今天做了什么什么"，要么就是自夸——"你看我多么心疼你"，要么沾沾自喜——"我这样的男人，你去哪里找"。这时候，我们从老婆那里听到的往往不是赞扬，反而是这样的回应："你真是老王卖瓜，自卖自夸。"

"爱是不自夸，不张狂"，这经文不知读了多少遍，但是我始终没有真正领会其中的奥秘，吃了不知多少"堑"。直到后来我才明白，无论做多少好事，只要一表功、一骄傲就完了！因为自夸、张狂就是在暗示对方："我做了这么多，下面就看你的了。"或者是在提醒对方："我做得比你好，你已经欠我很多了。"在对方听来，就好像你在向她讨债，她感到的是压力，而不是被爱，因此，你不论做多少，对方都不会钦佩你。后来，我就告诫自己："好吧，以后干了好事一定不要自己说。我不说了，但我做的事情是有目共睹的，我让你自己说。"

我继续努力地服侍全家，尤其周末的早晨，妻儿还在睡梦中，我就系上围裙，撸起袖子，大干起来。我不说了，我做给你看！我给她来个窗明几净，我要让你一醒来就大吃一惊："哇，屋子真干净啊！老公你真能干！""你可真是我们家的好头！""真是基督式的仆人！"可是，如果她醒来后没有什么表示，我就会不自觉地将自己干活的动静搞大，把桌椅板凳、锅碗瓢勺都碰得叮当乱响。为什么？我要引起她的注意："喂，你难道看不见我在舍己吗？"要是她还不理会我，我就会开始支使她为我帮一把手："老婆，给我递一下抹布。""老婆，帮我扶一下椅子！"总之，我要让她意识到：你丈夫在"舍己"，看到了吗？

如果她仍然没有什么表示的话，不一会儿我肯定就会因为一点微不足道的小事和她争吵。表面看起来是因为那件小事，而实际上是因为她无视我的"舍己"，使得我心里有一股无名火。所以，我们进入了一个怪圈：每当我有所表现之后，我们就容易发生冲突。我就在这样的光景中挣扎了好几年，心里很苦：我努力地做，可是怎么就是没有喜乐呢？我不住地在痛苦中求问上帝。

其实，上帝不喜欢我们把目光放在人的身上。

> 你们要小心，不可将善事行在人的面前，故意叫他们看见；若是这样，就不能得你们天父的赏赐了。（太6：1）

上帝终于借着他的话语指出我的症结所在：原来我做善事是要得到人的赏赐，而不是天父的赏赐。我们不但没有小心，反要故意叫人看见。所以我们要查验自己做事的动机是给人看还是给上帝看。如果是给人看，我们就必须做在人可以看到的地方，因为人看不到就不知道，人若不知道，肯定没回报，那我们不就白做了吗？如果是给上帝看，我们就不在乎人是否能看到，因为凡是人看不到的时候，上帝一定看到了，他是全知全能的。

人的一切行为都是里面的态度决定的，我们的心思意念没有一丝一毫能够逃过上帝的眼睛。所以，若故意让别人看到我们在行善，从天父而来的赏赐就没有了。因为我们的表现明明地在告诉他：我要得到的是人的喜悦，而不是天父的。只有像基督那样不求回报的付出，才是舍己。如果我们心里期望着自己的所作所为会得到回报，那就不是在舍己，而是要交换。我努力地在她面前表现，目的是要让她看到，只有她看到我工作的价值，我才可以有交换的资本。

当你的目的是要得人（妻子）的喜悦时，你做得越好，就越会觉得委屈，有时甚至会感到撕心裂肺的痛。几年前，我就承受过一次这样的委屈，我当时痛不欲生，一面向基督哇哇大哭地诉苦，一面用头去撞地板，撞了一个大包。我当时觉得真是生不如死，可是又怕失去永生，所以就像约拿那样求告："耶和华啊，现在求你取我的命吧！因为我死了比活着还好。"（拿4：3）

主对我说："你觉得委屈吗？"

我说："太委屈了！为什么给我这么大的委屈？"

他说："因为我爱你，所以我让你体会一下我当初在十字架上的感受。还有比十字架更大的委屈吗？你现在感受到的痛苦只是我当初在十字架上的千分之一、万分之一。你看，你已经受不了了。如果你不体会一下这样的委屈，你就不会真正理解我在十字架上为你做了何等的大事。"

我一下子醒悟过来，心里被圣灵大大感动，满腹的委屈顿时化为乌有。

从那以后，我就明白了一个真理：受委屈是基督给我的恩典，因为每当受委屈的时候，我就会回想起这段经历，并且对十字架产生更深的感恩之情。朋霍费尔（Dietrich Bonhoeffer）说："基督徒的呼召和洗礼就是每天都必须为了耶稣基督的缘故而忍受新的痛苦，也必须像主那样经受试探、承担别人的罪……受苦是真正做门徒的标志，门徒不会超过主……做门徒就意味着忠于受苦的基督。事实上，这是一种快乐，是他恩典的标志。"

阶段三："你不做，我也做。"

经历了撕心裂肺的痛之后，我们的生命就进入比较成熟的阶段。我们会清楚地意识到，男人作为婚姻关系中的"头"，自己的态度才是决定夫妻关系是好是坏的最关键因素。无论妻子做不做，我都必须一如既往地去做。这时我们不再受对方行为及反应的影响，因为明白基督是男人的头，所以丈夫要仰望基督；妻子不是男人的头，所以不能再将眼光盯在妻子身上。这个阶段我们的心态表现为：基督，我是在效法你，请你鉴察我的心，改变我的生命，让我像你对待教会那样，不求任何回报地服侍自己的妻子；至于我妻子，我完全交托在你的手中了，她改不改、什么时候改、大改还是小改，那都是你的事情，我将心悦诚服地接受任何的结果。

当我明白这是一个信心的功课时，慢慢心里就不再感到那么委屈了。不感到委屈，自然就能够在家里悄然做工了。不久，我惊奇地发现，虽然我很多的"舍己"妻子没有看到，但是她发生了很大的变化，而且还不时地夸奖我是好男人。所以我清楚地知道，这不是我感动了她，而是天父给我的"赏赐"。

如果夫妻双方都能持有这样的态度，以圣经中上帝所规定的婚姻原则作为夫妻互动的准则，甘心情愿地为对方和家庭做出牺牲，遇到任何冲突都愿先从自己的身上找问题，那么婚姻关系肯定会按着上帝当初创造婚姻的美好旨意发展。

在此，我要提醒大家：当我们下定决心进入第三个阶段的时候，我们的肉体肯定有时还会软弱，或者是一不留神就又滑回第二个阶段了（我在写到这个地方的时候，已经多次"一不留神"了），但是主耶稣喜欢我们心态的转变，不喜欢我们退后。他会饶恕我们因肉体的软弱而一次又一次跌倒，也会给我们力量，使我们的生命能够从里到外一点一点地改变，并在第三个阶段稳固下来。

> 我们行善，不可丧志，若不灰心，到了时候就要收成。（加6：9）

> 所以，你们不可丢弃勇敢的心，存这样的心必得大赏赐。你们必须忍耐，使你们行完了上帝的旨意，就可以得着所应许的。"因为还有一点点时候，那要来的就来，并不迟延。只是义人必因信得生，他若退后，我心里就不喜欢他。"我们却不是退后入沉沦的那等人，乃是有信心以致灵魂得救的人。（来10：35-39）

第六章

极大的奥秘

为这个缘故，人要离开父母，与妻子连合，二人成为一体。这是极大的奥秘，但我是指着基督和教会说的。（弗5：31－32）

这段经文中有两个"这"。第一个是"为这个缘故"的"这"。哪个"缘故"？是指《以弗所书》5章30节所说的那个缘故："因我们是他（基督）身上的肢体。"在婚姻中，丈夫是头，妻子是助手，丈夫要像基督爱教会一样爱自己的妻子，妻子要像教会顺服基督一样顺服自己的丈夫。然而，不论丈夫还是妻子，都是基督身上的肢体，所以丈夫是头、妻子是助手，这只是在讲婚姻中的次序，而不是地位。

第二个"这"是指"人要离开父母，与妻子连合，二人成为一体"这件事情，也就是婚姻。保罗的意思是，婚姻是个极大的奥秘，而且这个奥秘就是在展现基督与教会之间的关系："但我是指着基督和教会说的。"也就是说，当夫妻二人结合、成为一体并体会到婚姻关系的奥秘时，就能真正理解基督与教会之间的关系。

我认为，婚姻关系起码向我们揭示了以下几个奥秘：第一，我们在婚姻中预尝与基督相见时的喜乐；第二，我们在婚姻中体验与基督爱情关系的逐步进深；第三，婚姻关系彰显盟约的严肃性；第四，婚姻关系显明委身的重要性。

奥秘一：我们在婚姻中预尝与基督相见时的喜乐

我们同配偶一同享受婚姻中爱情的甜美，就体会到教会与基督同在时的感觉——就像新娘见新郎。不妨回忆一下你和你的恋人约会时的感觉，一定是甜蜜的吧！

我还记得我同妻子恋爱时的景况：我在公园里等待未婚妻时，心情是那么急切，没着没落的，却又是那么甜。那时北京的公园里座椅很少，我们很难找到一个说悄悄话的地方。好不容易找到稍微安静一点的地方，刚刚坐下不大一会儿，在我们前后左右就又坐了不少的青年男女。可是那又怎么样呢？当时我们的心里、眼睛里只有对方，周围的人似乎都不存在，无论什么对我们都不重要了。我们俩似乎有说不完的话，聊啊、聊啊，不知不觉就到了下半夜。那种情意绵绵、难舍难分、如醉如痴的感觉，回忆起来实在是美妙极了。

我们与基督的关系也像这样，他是我们的新郎，我们是他的新妇，急切地盼望着他来接我们到天堂与他相聚。

我们盼望着到天堂去是为了什么？来看看圣经中描述的"天堂"有多么美好、华丽：

> 墙是碧玉造的，城是精金的，如同明净的玻璃。城墙的根基是用各样宝石修饰的：第一根基是碧玉，第二是蓝宝石，第三是绿玛瑙，第四是绿宝石，第五是红玛瑙，第六是红宝石，第七是黄璧玺，第八是水苍玉，第九是红璧玺，第十是翡翠，

第十一是紫玛瑙，第十二是紫晶。十二个门是十二颗珍珠，每门是一颗珍珠。城内的街道是精金，好像明透的玻璃。"（启21：18－21）

世上有谁见过这么美的地方？没有！所罗门建的圣殿比不上，世界首富比尔·盖茨的豪宅也比不上。天堂当然美好，但是有多少基督徒希望将来有一天到天堂去，是为了可以在那华丽的殿堂里居住？是为了享受天堂的美好生活？既然我们在地上都不在乎华美的住房和舒适的生活，难道到天堂就看重了吗？我想，不是的。天堂，就好比是我同妻子谈恋爱时的公园，公园的确很美，但我去那里不是因为公园美，而是因为我的恋人在那里等待我。同样，我们盼望着那一天的到来，绝不是因为天堂有多么豪华、美丽，而是因为那里有主基督。

信主前我很迷信，十分怕死，信主后就不怕了，因为确信有了盼望，知道死亡不过是脱离了必死的身体，进入与主同在的美好天堂。我们到天堂时非常喜乐，是因为那里有基督耶稣在等待我们。

我所爱的，你何其美好！何其可悦！使人欢畅喜乐。（歌7：6）

我们日日夜夜期盼着见主基督耶稣。见到他时，我们的眼睛里就唯有他，周围的一切如此华美，但相形之下都变得微不足道了，甚至就像根本不存在一般。我们就像是与久别的恋人见面，感觉极其甜美。物质上的丰富不能让我们体会到基督与教会是怎样的一种亲密关系，唯有夫妻二人合一的婚姻才能使我们预尝到这样的感觉。幸福并不由物质条件或环境的好坏决定。若有真正的爱情，同住荒漠也乐意，同吃糠秕也甘甜。

我曾看过关于傅作义手下一位将领的回忆文章，说他受迫害时被发配到了青海一个极其边远、贫穷的乡村，而他的亲人仍可留在北京。当时，为了孩子的成长和教育，妻子决定带着孩子留在北京。但是，一年后，她毅然决然地带着孩子离开了当时还算比较舒适的北京，去青海与丈夫同甘共苦。而他们全家在那个穷乡僻壤相聚时，他们感到从没有过的欣喜。后来他们的儿女回忆说，虽然那里的环境和条件极其恶劣，但那段日子竟然是他们全家感觉最幸福的时光。这故事令我十分感动，这才是爱情。

现在，许多年轻人恋爱时，很注重对方的家庭、地位、金钱、饰物、房子等附加条件，而将恋人的人品、心地，以及二人之间相互信任、相互交托、相互依赖的亲密关系放在次要的位置，这不是"恋爱"，而是恋物、恋钱、恋势。这种关系怎么能够让我们发现那"极大的奥秘"呢?

奥秘二：我们在婚姻中体验与基督爱情关系的逐步进深

阶段一："良人属我，我也属他。"（歌2:16）

我们刚刚认识耶稣的时候，就好像是青年男女开始谈恋爱。那时的爱，较多的是基于感觉，而且比较自我中心，要宣告"你是我的"、"你首先属于我"——你若属于我，那我当然也属于你。这种爱情考虑自己的需要多于对方的需要，攫取多于给予。即便是给予，常常也是为了能更多地得到回报而追加的情感投资，或者是自己的需要得到极大的满足之后，出于喜悦而给对方的一点奖励。由于这样的爱建立在对方能否满足我需求的基础上，所以，一旦对方不能讨我喜悦，爱就不再有了。我们刚信主的时候，罪被赦免了，压抑的心情得到了释放，某些神迹的出现解决了一些难题，或者绝症得到医治，我们便欣喜若狂，信誓旦旦"永远不离开上帝"了。可能那段时间我们聚会很积极，奉献也主动，读经、祷告更是热情如火，但是一旦有个心愿没有实现，一个祷告上帝没有回应，或者遇到了空前的危机，我们的热情一下就熄灭了。不来聚会，不再祷告，圣经也扔在一边，每天唉声叹气，怨天尤人。这跟我们蜜月过后的冷战不是很像吗？所以说这样的爱情关系是很不成熟的。我们与上帝的关系不能总是停留在这初恋的阶段，要继续提升到新的高度，才能经受住更大的风浪。

阶段二："我属我的良人，我的良人也属我。"（歌6：3）

在这个阶段，我们认识到自己是属于基督的，他是我们的主，不是我们的仆人。但是我们还是期盼着基督能按照我们的需要来满足我们——给我们一个好的工作，解决我们的住房问题，给我一个理想配偶……总之，就像妻子虽然知道自己应该是丈夫的一部分、归属于自己的丈夫，但还是时不时地想掌控丈夫、让他服从自己的意愿一样。

阶段三："我属我的良人，他也恋慕我。"（歌7：10）

这个阶段妻子才真正地觉悟，知道丈夫是自己的主，自己应该顺服丈夫；而丈夫也深爱着妻子，从内心渴望得到并拥有自己的妻子。妻子顺服丈夫，丈夫爱妻子，并为妻子舍己，这是合乎上帝旨意的婚姻关系。上帝想要和我们建立的就是这样一种关系：我们甘心乐意地顺服他，不看环境、不问结果、不求回报，只为讨他的喜悦，并相信他必会照他丰盛的慈爱赏赐真正爱他的人。

奥秘三：婚姻关系彰显盟约的严肃性

婚姻关系是盟约的关系，其严肃性表现为以下几点：第一，盟约不可废弃；第二，上帝恨恶毁约之人；第三，盟约双方必须彼此忠诚。我们分开来谈这三点。

第一，盟约一旦缔结，就不可废弃、反悔。

> 弟兄们，我且照着人的常话说：虽然是人的文约，若已经定立了，就没有能废弃或加增的。（加3：15）

《约书亚记》9章记述了一个故事：迦南地基遍的居民听说约书亚和以色列人在耶利哥和艾城所行的事，就用诡计伪装成远方的民族，和以色列立约。以色列人没有求问上帝就和基遍人订立了盟约，后来发现上当受骗了。以色列人已经指着耶和华以色列的上帝向他们起誓，所以没有撕毁盟约，而是承担起自己犯错的后果。他们忠实地持守这个使自己大大吃亏的盟约。后来，五个亚摩利王因为基遍人和以色列人立约，就联合起来攻击基遍人。基遍人马上请求以色列人来解救他们。一般人可能会想，当初你们欺骗我们立约，今天不正好借着敌人的手消灭你们吗？这样我自己没有背信弃义，却可以从这个吃亏的约定中解脱出来，这是一举两得的事情，何乐而不为呢？以色列人却不是这样，他们仍然履行盟约，奋起征战，帮助当初用欺骗手段成为自己盟友的基遍人。因为他们这样的态度，上帝大大地祝福和帮助他们。圣经记载，上帝为了让以色列人能够战胜亚摩利五王，竟然回应以色列人的祷告，不但降下冰雹在敌人身上，而且让日头在天当中停住，不急速下落，约有一日之久。结果，被冰雹砸死的人，比以色列人用刀杀的还多。如果以色列的态度不讨上帝的喜悦，上帝怎么会施行如此神迹来帮助他们？

今天，在婚姻关系中也会有类似的情况。有些人会说："我当初跟他结婚是被他骗了。""我当时就看她长得好看，没想到她品格这么不好。""我当初没有信主，所以决定得太草率。""我虽然是基督徒，但结婚时没有求告上帝。"因诸如此类的原因，企图终止婚姻之约的人，可以从这个故事中领悟到处理盟约问题时应遵循的原则。

首先当然是不轻易许诺、结盟。人不可在耶和华面前轻易许愿，在许愿、发誓、订立盟约之前，都必须认真祷告求问上帝，并考虑周详，万不可凭一时冲动意气用事。轻易许愿常常使人进入两难的境地。尤其当谨慎你在婚礼上的誓言，那可是在上帝面前许的愿。

其次是我们都要负自己当负的责任。即便对方是因为看中你的某些优势（地位、金钱、权势、才能）等，用某些手段结识你、亲近你，并最后达到了结婚的目的，你也必须看到自己在这一失败中所应承担的责任。因为你被对方的手段所迷惑，又没有求告耶和华，才导致今天的上当受骗，所以你必须负自己那部分责任。

还有，一旦盟约订立，我们就要宁可吃亏也不纠错。"他发了誓，虽然自己吃亏也不更改。"（诗15：4）以色列人对和基遍人之间的盟约就是如此，明知道上当受骗了，却忠实地持守盟约的义务。所以结婚之后，即使发现对方不如意或亏欠了我们，也不可轻易毁约。因为这错误和别的错误不一样，我们不能一发现婚姻有问题就认为自己犯了错误，继而就要以离婚的方式来"纠正"错误。

最后，在盟约关系中，我们不可存诡诈的心。既然上帝不喜欢我们毁约，那我是否可设法使对方自动退出盟约关系呢？比如：任由婚外的异性去诱惑自己的配偶；当配偶有病患或急难的时候不予理睬，或不提供实质有效的帮助；二人并行不悖、各行其是，过有名无实的婚姻生活……不行！这些都是不讨上帝喜悦的，我们必须真诚地履行盟约的义务和责任，我们如何对待自己所许的诺言说明了我们的内心，上帝是鉴察人心的。

我有一个外国朋友，在他和自己心爱的姑娘订婚一周后，他的未婚妻去医院做检查，发现自己得了癌症。他在那狂喜中如同被冷水浇头，真是痛苦万分。但是他决定，虽然没有登记，也没有举行婚礼，自己还是要持守对那姑娘的一切承诺。

我在妻子重病而且对我的照顾和呵护没有任何积极回应

的时候，曾有极大的挣扎和困惑，祷告时，灵里与上帝有一段对话。我问上帝："你不是说'你们愿意人怎样待你们，你们也要怎样待人'吗？我就是这样对待她的，为什么她却一点好的回应都没有呢？"

上帝对我说："的确，我是说'你们愿意人怎样待你们，你们也要怎样待人'，但是我没有说'你们怎样待人，人就一定也怎样待你们'。现在我要再告诉你，即便人没有按照你们待他的样式来待你们，你们仍要按你愿意人待你的样式待人。"

现在许多人，虽然结婚时信誓旦旦，但由于他们并不真正了解爱情的含义及婚约的严肃性，往往是一边过日子一边走着瞧。喜欢时就在一起，哪天不喜欢了就各奔东西。这不是爱，只是情，因为情是一时冲动，容易流失，而爱却是永不止息！

婚姻是一个盟约，而且是我们一生中最为重要的盟约，值得我们一生去珍视。不变的盟约给婚姻和家庭提供稳固和持久的核心力量，一旦失去这力量，家庭就失去了抵御外来诱惑、侵害和腐蚀的重要保障，婚姻状况就会变得一团糟。

人一生最难的事情就是制伏自己的心，"人不制伏自己的心，好像毁坏的城邑，没有墙垣"（箴25：28）。随心所欲的人就像一个没有城墙的城市，既不能抵挡外来的诱惑和攻击，又不能遏制自己里面的野心和贪婪。现在的情形是：外面的诱惑一来，家庭就像江口决堤，马上被冲垮；外面没有动静了，我们自己又开始蠢蠢欲动、想入非非，要搞点歪门邪道，向婚姻外的领地扩张。

设想一下，如果有一天基督收回了他的应许，我们还有什么盼望？上帝在《启示录》里告诉我们，当末日天地废去的时候，基督要迎娶他的新妇——教会——回天家与他永远同在。这是上帝的应许，无论新妇多么不配得到这一地位，只因为这是基督与我们订立的盟约，他就永远持守这一盟约，直到成就的那一日。

第二，上帝视毁约为极其严重的罪。

> 推罗三番四次地犯罪，我必不免去他的刑罚；因为她将众民交给以东，并不记念弟兄的盟约。（摩1：9）

> 主耶和华如此说：你这轻看誓言、背弃盟约的，我必照你所行的待你。（结16：59）

从圣经中我们看到，上帝对弟兄之间的盟约尚且如此看重，更何况婚姻的盟约呢！我们在一开始就已经谈到，婚姻关系是唯一一个上帝亲手创造的人际关系，因此也是其他一切关系的基础。

基督徒的婚礼，一定会邀请许多的宾客参加，他们都是新郎和新娘的亲朋好友。为什么要请这么多的人来参加婚礼？目的是要向世人做一个宣告，并请众人来做一个见证：他们今天正式结为夫妻，在众人面前通过红地毯，缔结盟约。这个走红地毯的仪式据说起源于当初希伯来人立约的形式：将牲畜从中间劈为两半，分放在道路的两边，牲畜的血自然流到中间的道路上，然后，盟约的双方要踏着这条血路走过去，表明双方遵守诺言的决心。今后两个人中谁违反这个盟约，就要像这死去的牲畜一样一劈为两半。携手走过红地毯，是向人们表明：我们将一生一世永远相爱、互相忠诚永不背弃，唯有死亡才能把我们分开。弟兄们，我们既然在大庭广众面前发誓要永远爱自己的妻子，那么，无论遇到什么情况，我们都必须像基督爱教会那样持守自己的诺言。

中国有一句古话："一言既出，驷马难追。"这也是在强调"言而有信"的原则。婚姻是人一生当中最为重要的盟约，是严肃的，绝不是为了凑热闹，更不是为了炫耀。现在人们举办婚礼时常常互相攀比，看谁的车队豪华、谁的场面阔绰、谁婚宴的标准高或者桌数多，其实这样的婚礼已经完全失去意义，演变成一场闹剧。

第三，盟约的双方必须彼此忠诚，不可背叛。

有些人虽然没有撕毁盟约，却红杏出墙，这也是上帝所厌恶的。圣经上说："求你将我放在你心上如印记，带在你臂上如戳记。"（歌8：6）我们知道戳记是表明归属的，就是说，忠贞不渝的婚姻关系多么牢不可破，就好像在心里和手臂上烙下的印记一般，宣告自己无论心灵还是肉体都永远归于自己的配偶，这印记永远不能再抹去。

> 因为爱情如死之坚强，嫉恨如阴间之残忍。

（歌8：6）

爱情对于人们来说比生命都重要。为了爱情，人们可以面对死亡；为了爱情，气息奄奄的病人能够坚强地从死神手中挣脱出来；为了爱情，人们可以放弃一切，乃至生命。历史上和现实生活中，人们为爱情而勇敢牺牲生命的故事比比皆是。即便一个贪生怕死的胆小鬼，一旦被爱情的火焰点燃，也会视死如归。所以，从这个意义上说，把爱情当作儿戏的人，难道不是在把生命当作儿戏吗？如此说来，玩弄爱情的人，实际上就是在"玩命"。

某天的《北京晚报》上刊登了一篇报道：东北某城市的一对年轻夫妇吵架，妻子赌气离家出走，来到北京找她的一个网友，两个人见面后就发生了一夜情。妻子回到东北后，丈夫知道了此事，于是怀揣尖刀来到北京，在一座大厦的大堂里找到这位年轻男子，一刀又一刀地刺过去，直到对方倒在血泊之中。

男女之间的爱情是绝对排他的一种感情，对第三者的嫉恨如"阴间之残忍"。嫉妒在任何地方都是罪，但是在已结婚的男女之间不是罪，而是正常的。婚姻中的男女彼此对第三者的加入能容忍而不嫉妒，反而是不正常的。我们的上帝就是忌邪的上帝，圣经以婚姻关系来做比方，说明他和我们的盟约关系。我们把婚姻外的男女苟合称为淫乱，因此，当我们对耶和华以外的其他偶像顶礼膜拜的时候，就是犯了属灵的淫乱。只要敬拜耶和华以外的，就是淫乱。就好像一个人，只要亲近的不是自己的配偶，就是淫乱。

如此看来，我们要好好反省一下人们过去对"吃醋"问题的态度。吃醋就是嫉妒，当一个人发现自己的配偶对另外一个异性发生兴趣的时候，往往会产生这样的心理。这种心理的由来是感到自己在配偶心目中的地位受到威胁，而失去了安全感。过去人们一般都会嘲笑吃醋的人心胸狭隘、不自信或气量太小。实际上，人们错了。应该受到嘲笑和指责的不应该是吃醋的人，而应该是被吃醋的人。我为什么吃醋？是因为你轻薄的举止使我对你失去了信任，我的心因为爱情被无情地践踏而受到了伤害。

信主之前，当我的举止不够庄重时，我的妻子也会有醋意。但是，信主之后，她再也没有产生过醋意。不是她改变了，而是我的心干净了。现在我无论去哪里，她都十分放心，因为她对我非常信任。这信任不是建立在我身上，而是建立在我与上帝的关系上。

《雅歌》中还将爱情对第三者所发出的嫉恨比喻成"电光"："所发的电光，是火焰的电光，是耶和华的烈焰。"（歌8：6）我小时候就听过这样的事情：有个电工高手在家里搭线偷电，有一天不小心跑电，将自己电死了。电在两条电线中是有益的，可以给我们带来动力和光明，但是若跑出正常的线路，就叫做"跑电"，那是十分危险的。其实，爱情也是一样，在婚姻关系里面，可以给我们带来祝福，一旦出轨，就会带来咒诅。

我小的时候听安徒生童话的广播剧，里面讲到"温暖的火苗在壁炉中快乐地跳跃着"，令我印象非常深刻。16岁时我到了黑龙江生产建设兵团，参加过大兴安岭森林火灾扑救，每次救火都会有人受伤或死亡，那山火真是可怕！事后我读《兵团战士报》关于扑救山火的报导，有一句话又留给我极深的印象："一丈多高的火苗，像魔鬼一样狰狞地向我们兵团战士扑来。"我那时真正领略到火的厉害。所以，这些经历和报导彻底改变了我对火的认识，火对我来说不再是温暖、快乐的，而是狰狞、可怕的。

二十几年后，当我再读到《雅歌》中这段描写时，我一下子就明白了：原来，"火"可以是温暖快乐的，也可以是狰狞可怕的。当它在壁炉当中燃烧的时候，就是温暖、快乐的；一旦烧到炉子之外，它就是狰狞、可怕的。爱情，何尝不是如此呢？《雅歌》中说，爱情就好像是熊熊燃烧的火焰一样，是耶和华点燃的。当爱情的火焰燃烧在婚姻的炉子里时，就是温暖、快乐、安全的，而且对人是有益的，是蒙耶和华祝福的；但若把爱情从婚姻的炉子里拿出来，那么它立刻就成为危险的、灾难性的、狰狞的、可怕的，因为那火焰变成了耶和华审判的烈焰。

所以说，若有"爱情高手"在罪的驱使下去破坏婚姻中的男女关系，就等于是在"玩火"和"偷电"。俗话说"玩火者必自焚"，因为这火焰是来自耶和华的审判。

奥秘四：婚姻关系显明委身的重要性

> 弟兄们，我告诉你们，我素来所传的福音，不是出于人的意思。因为我不是从人领受的，也不是人教导我的，乃是从耶稣基督启示来的。（加1:11-12）

一谈到婚姻，还有什么比幸福、和谐更重要的要素么？有，那就是委身！

委身的重要性

那么，委身到底有多重要？从亲身经历中，我看到，婚姻并不一定意味着幸福、和谐，而是意味着委身。那么，什么是委身呢？委身就是无条件地接纳、无保留地付出，自我牺牲、只给恩典、不求回报；委身就是实现上帝的旨意：离开父母，与妻子连合，二人成为一体。

为什么婚姻中会出现冲突？有很大原因是一方感到受了委屈，委屈就是不委身造成的，就是觉得自己给得太多了，对方不但没有相应地回报，还亏欠自己、损害自己、辜负自己，甚至恩将仇报。

一个真正委身的人，不会对自己的付出感到委屈，如果感到委屈，就说明你没有真正委身。因为你的付出是有期望值的，是要求回报的。只要你是有条件的，你给对方的就不是恩典。

> 既是出于恩典，就不在乎行为；不然，恩典就不是恩典了。（罗11：6）

为什么冲突常常升级、越来越不可收拾，甚至导致关系破裂？这涉及"与谁联合"的问题。在中国，结婚后两人仍与各自的父母联合，把配偶当外人，这样的情况并不少见。在现实生活及文学作品中我们常看到，夫妻吵架之后，妻子最厉害的一招就是回娘家，等着丈夫低声下气地来求饶才肯回去。这期间，如果娘家人不问青红皂白、一味护着自家人，一起声讨她丈夫的不是，她只会越发觉得委屈，冲突自然就升级，而和好的条件也就升高。这种时候，丈夫也许碍于面子不会一走了之，但他们往往会投入到工作中，或和朋友在一起。这些做法都违背了上帝关于"与妻子连合，二人成为一体"的真理，不蒙上帝祝福。

圣经里有一个"二人成为一体"的典范故事，就是押撒的故事。圣经里两次提到押撒，押撒是谁呢？《约书亚记》和《士师记》都提到，押撒是迦勒的女儿，迦勒将女儿押撒作为战功的奖品给了俄陀聂。在嫁过去之前，押撒和俄陀聂并没有现代人所谓的恋爱史，但是押撒知道，将来，她的遮盖和祝福将来自她的丈夫俄陀聂，而不再是她的父亲，所以她马上委身在这新的关系中，没有任何的疑惑。何以见得呢？她嫁过去之后，马上劝自己的丈夫向父亲要田地，而且她回父家时，父亲问她要什么，她就向父亲要水源。田地和水源是以色列人生存和获得祝福的最重要的基础，所以押撒就同丈夫一起向父亲要产业、要祝福。

由此可看到，妻子如何将重心从自己的原生家庭转移到新的家庭，委身在新的关系里。不像现在很多新人，结婚前进行财产公证，或者将财产向父家转移。甚至有些女性，结婚后依然把娘家作为自己的安全港湾，把丈夫的产业（钱财、存款和其他重要的东西）都往娘家转移。这些都是破坏夫妻关系的做法。

最近在做培训的时候，有一个姊妹对我讲，她刚刚结婚，丈夫是一个大款。她的母亲很担心她将来的生活，就告诉她跟丈夫要钱，然后慢慢往娘家转移，给自己留退守的基地，并说"妈妈比丈夫更可靠，一旦丈夫移情别恋，至少还有妈妈帮你保管钱财"。可是你有没有想到，这样做的话，你可能无法再赢得丈夫的信任，因你真正委身的不是丈夫，还是原生的家庭。

在现代人看来，押撒一结婚就向自己的父亲要地、要水源，是"胳膊肘向外拐"。其实押撒才是真正"向内拐"呢，因为她知道，结婚后夫妻关系就成为自己一生中最重要的关系，遮盖自己的不再是父亲而是丈夫了。上帝以这个故事来提醒进入婚姻的男女，夫妻关系是其他一切关系的基础，胜过与父母和儿女的关系，也给现代社会中那些没有安全感、自私、推崇狡兔三窟做法的男女一个严重的警示。

过去的社会中，很多婚姻也并不幸福、和谐，但是人们都知道要委身于婚姻。那时，世风很保守，他们从小就被灌输要对婚姻忠诚的观念，人一旦出轨就为社会所不容，从一而终的观念是根深蒂固的。而且那时代要进入婚姻是很难的事情，建立起一个家就更难了。因为得之不易，所以也更珍惜。更重要的是，人们都看重自己的后代，要延续后代的愿望十分强烈，也知道家庭对孩子成长的重要性。因此，尽管婚姻中有许多不如意的事情，人们还是不想把得来不易的家破坏掉。心里的信念再加上外界的约束使得过去的婚姻普遍十分稳定。在稳定之外，幸福感常常是经过许多痛苦和挫折之后才逐渐体会到的。

现在越来越多的婚姻并不理想，经不住真正的考验。两个人都很努力当然好，但是，假如某一方只索取不回报，或者总是伤害你，要离开你，怎么办？所以，婚姻中最重要的是委身，只有委身才是婚姻长久、稳固、纯洁、忠诚的基础和保证。

错误的婚姻观

有人说，如果不是为了幸福，我们为什么要结婚？其实，所有的人都是罪人，婚姻是两个罪人的结合，所以矛盾冲突是绝对的，而幸福和谐是相对的、暂时的。除了基督宝血的遮盖以外，没有任何办法可以根本解决问题。如果有其他的途径，还要基督的十字架做什么？幸福和谐的婚姻是人们所向往的，但是如果人们以为婚姻就意味着一定要幸福和谐，那就错了。

　　幸福是一种感受，所以幸福不是客观的，而是主观的。每个人生长的环境、受的教育以及所经历的都不一样，这些不同造就了不同的人生观、价值观，所以每个人对幸福的理解和感受也都不同。有的人腰缠万贯也不幸福，有的人吃糠咽菜却觉得很幸福；有的人功成名就也不幸福，有的人默默无闻却很幸福。

　　现代人追求婚姻中幸福的感受。没结婚的人以为，现在我感觉不幸福，结婚可以给我带来幸福。其实，婚前期望值越高，婚后失落感就越大。同样，结了婚的人以为，婚姻应该是幸福的，如果我感觉不幸福，就说明我进入了一个错误的婚姻。既然错了，就需要纠正，所以我离婚再找一个对的吧！

　　当我们以婚姻的幸福和谐作为婚姻辅导的目标时，就很容易会注重方法。如采用性格测试、心理分析、沟通方法的学习等。这些方法固然好，绝大多数情况下也是有效的，却不能解决生命的本质问题。一旦遇到方法解决不了的问题，我们就会动摇，而这时候才显出我们的婚姻观有问题。

　　和谐是双方互动的结果，双方彼此呼应、有来有往，这样才能和谐。单方面的意志是不能成就和谐的。就像是两方作战，一方想要讲和，而另一方决心死战到底，那你怎么和谐？婚姻也是如此，只有双方都做出努力，才能够和谐。但事实上，由于各种原因，一方努力、另一方没有回应的情况是比较普遍的。

所以，如果我们认为和谐是婚姻的必要因素，那么一旦出现矛盾冲突、失去了和谐，我们就会以为自己的婚姻不好，或是配偶有问题，并急于解决问题或逃避矛盾。要知道，婚姻是两个罪人的结合，人的本性都是自私的，没有一个义人。在共同的婚姻生活中，夫妻双方一定经常损害对方的利益，所以婚姻中产生矛盾冲突是极其自然的事情，没有反而不正常。葛培理（Billy Graham）曾经说过："如果婚姻中的两个人完全一样，那么其中有一个人是多余的。"两个人不可能一模一样，否则你一定会觉得婚姻生活极其乏味。

"举案齐眉、相敬如宾"的婚姻是虚伪的婚姻，在这样的婚姻中生活实在是太累了。我们每天在外面竭尽全力以最佳的面貌展现在世人面前，刻意地掩盖某些自己心知肚明的缺点，这一切当然需要消耗一定的能量，你不可能一天到晚都这样紧绷着弦，不然早就垮了。每个人都是在家里把自己"打回原形"，身心才能得到真正的休息。每个人都不愿意外人看到自己的原形，只有家人对你认识最深刻、看得最清晰。所以，婚姻中双方无条件地接纳显得尤为重要，因为除了主耶稣，我们没有一个人是完美的。

如果你对婚姻的认识有误区的话，现在请改变观念，好好思量委身的重要性吧。当你委身于你的另一半时，你反而会因少了许多期望、多了许多付出而更体会到婚姻的美妙。相信这也是上帝的心意。

最后的劝勉：智慧与愚拙

也许你看了本书的内容会说："这都是些什么歪理？在实际生活中根本行不通。"或者说："简直太荒唐了，做人怎么可以这么窝囊？"这正是福音的奥秘：上帝乐意用人以为愚拙的道理拯救愚拙的人，使那些自以为聪明的羞愧。就如圣经上所记："我要灭绝智慧人的智慧，废弃聪明人的聪明。"（林前1：19）

然而，属血气的人不领会上帝圣灵的事，反倒以为愚拙，并且不能知道，因为这些事惟有属灵的人才能看透。（林前2：14）

为此，我们也不住地感谢上帝，因你们听见我们所传上帝的道，就领受了；不以为是人的道，乃以为是上帝的道。这道实在是上帝的，并且运行在你们信主的人心中。（帖前2：13）

弟兄们，我还有话说：我们靠着主耶稣求你们、劝你们，你们既然受了我们的教训，知道该怎样行，可以讨上帝的喜悦，就要照你们现在所行的，更加勉励。你们原晓得我们凭主耶稣传给你们什么命令。（帖前4：1-2）

你起来，这是你当办的事。我们必帮助你，你当奋勉而行。（拉10：4）

亲爱的弟兄姐妹，你们要向上帝祷告说："主耶稣基督，我起来了，这是我当办的事。你必帮助我，我当奋勉而行！"

附录

两条生命的轨迹
两种生命的动力

我们在寻求在婚姻里的合一时，会听到来自不同渠道的各种各样的教导，但是可以肯定地说，如果不是出于圣经的原则，就不能解决根本问题。因为耶稣说："我是葡萄树，你们是枝子；常在我里面的，我也常在他里面，这人就多结果子；因为离了我，你们就不能作什么。"（约15：5）

离开耶稣，我们就做不出任何有意义的事情。保罗也告诉我们："弟兄们，从前我到你们那里去，并没有用高言大智对你们宣传上帝的奥秘。因为我曾定了主意，在你们中间不知道别的，只知道耶稣基督并他钉十字架。"（林前2：1-2）

解决所有人际关系问题的关键都在于我们和上帝的关系，只要抓住这个根本，我们就得到了解决问题的钥匙。企图用一些心理学的方法，通过其他渠道来解决婚姻问题，是舍本逐末的做法。如果其他方法也可以奏效的话，我们还要基督做什么？谁还愿意走十字架的道路？耶稣说："我就是道路、真理、生命，若不藉着我，没有人能到父那里去。"（约14：6）

芸芸众生，各行己路，但是圣经启示，所有的人只在两条生命轨迹上奔走，一条是属天的，另一条是属地的，没有中间道路可走。人类或者行在属天的窄路上不断经历主、预备进入永生，或者在看似宽敞的属地大道中追求虚浮的荣耀、陷入与上帝隔绝的死亡中，两条生命的轨迹有着截然不同的生命动力，也展现了两种不同的价值观。在哪条生命轨迹上行走，就会寻找该条轨迹上的答案，不能用属地生命的价值来解释属天的生命，同样，属天生命的追求也是属地生命的人难以理解的。

> 从天上来的是在万有之上；从地上来的是属乎地，他所说的也是属乎地。从天上来的是在万有之上。（约3：31）

> 那属土的怎样，凡属土的也就怎样；属天的怎样，凡属天的也就怎样。（林前15：48）

属地的生命

我们先来看属地生命的特征。

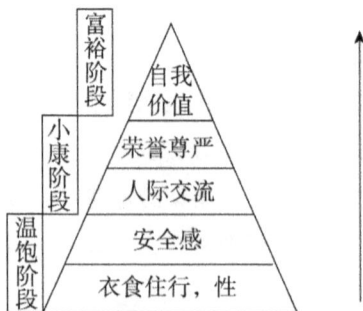

马斯洛有关人类需求的理论

很多心理学家认为：人的需求是人类社会进步的根本动力。在这一方面马斯洛曾经有一个至今为人们所津津乐道的需求理论。但是它不是真理，而是对我们前面所说的属地生命轨迹的精辟描述。凡是在属地生命中的人无一能逃出这样的生活轨迹。

我们都知道，人的幸福感来自于内在需求的满足。马斯洛认为：人的需求是从下向上分五个层次逐一展露出来的。属地生命的动力来自个人肉身的需求，而衣、食、住、行是人类最基本的需求，也是第一需求。人要满足这些基本的需要，生活动力由此产生。需求得到满足时，人们就会感到无比的喜悦和幸福。但每个层次所带来的愉悦感觉都是短暂的，因为每当一层需求被满足后，新的需求就会逐渐显露出来。新需求的产生使人们刚刚得到的满足感迅速消失，于是为了追求"幸福"感，人们又开始为满足更高层的需求而努力。

众所周知，上个世纪60至70年代，中国人经历了很多动荡，生活困难，食物匮乏，每当过春节，人们可以吃到平时吃不到的鱼蛋肉，穿上久违的新衣服，过年是最愉悦的时候，所以人们都期盼着过年。而改革开放以后，人们生活逐渐富裕起来，老百姓每天都可以尽情享受丰富的物质生活，按说人们应每天其乐融融才对。可事实却不是如此。

当这种基本的需求得到满足后，人们又想到怎样才能将这样的日子过得长久些。于是产生了对安全感的需求。饮食不再仅仅要求果腹，而且开始讲究绿色、健康，农药化肥催生的蔬菜水果最好不吃，过量的鸡鸭鱼肉会带来胆固醇的增加，最好避而远之。为了应付危机需要购买各种人寿保险、医疗保险等等。人们希望拥有属于自己的住房、存款，借助理财为将来打算，总之人们要为自己打造一个安全可靠的生活环境。

然而得到这些之后的人们兴奋了没有多久，又开始不满足于这种安全却平淡的生活，因为人们感到精神空虚，需要有精神生活来填充。于是乎，各类的交际活动应运而生，什么"老同学会"、"老插友会"、各种派对（party）等一个接着一个。曾几何时我不断接到从大学、兵团战友、中学，直至小学同学的聚会邀请。人们借助这类的交际加强横向联系，缓解自己的孤独感，不但能找到听众，而且可以展示自己的成功。同是老同学老战友，但成功人士一来，众人蜂拥而上、而平庸之辈到场却备受冷落。于是，荣誉感的需求又展现出来。多少做父母的参加这种聚会之后，他们的孩子通常会接受一通"促发奋"高压督导："孩子，可得好好学习，给爸妈争些脸面回来。"

当人拥有这一切之后，就会安生了吗？仍然不能。所以人们常常会奇怪，那些令人羡慕的成功者到底想要什么？心想：我们要是到了他那一步，早就心满意足地尽情享受了，可是为什么他们还在不停地穷折腾，真是令人费解。其实原因很简单：不满足！人想做得更大、更高、更强。当人们问起洛克菲勒，要花多少钱才能得到满足，他回答说："只要再多一点点！"你也会看到相当一部分成功者，开始热衷将大笔款项投入公益慈善事业，如建立图书馆、体育馆、基金会等，这当然要比存储起来或挥霍掉好得多，但有一点是万万不可忽视的，那就是一定要以自己名字命名。总之，人们认为做得规模越大、名声越响、拥有越多，证明自我的个人价值也就越高。

据说马斯洛后来又加上了第六个层次：最高需求是超越自我，因为人们发现就是得到整个世界，也不能真正得到满足。但人是一定要得到内心的满足才能平安的，所以很多的成功人士开始追求超自然的力量，于是走向了宗教。常看到报道说某身价上亿的富翁皈依某宗教，遁入空门。但是也常听说某人皈依后又自杀。说明宗教也不能解决人心灵根本的问题。而基督教其实不是宗教，是信仰。宗教和信仰的区别在于，宗教是人寻找上帝，而信仰是上帝来亲自寻找人。

由此可见，马斯洛理论的根基是建立在满足个人肉身需要这个层面，它与属世心理学师承一脉，以自我为中心来阐释一切。在追求属地生命的过程中，每当某一个层次的需要得到满足，人们就非常有成就感，沾沾自喜，可见人们的快感来自需要的满足。马斯洛理论的需要是一层一层展现出来的，下一层的需要没有被满足之前，就体会不到上一层的需要，可一旦上一层的需要被满足以后，人们就会轻视下一层的需要，觉得不过尔尔。举例说明，当人们的衣食住行没有被满足的时候，是不会考虑到安全感的需要的，你给一个乞丐饭菜，乞丐不会考虑这个饭菜是否是绿色食品，对身体是有益还是有害，假如你给乞丐钱，把钱放在马路上，他去捡的时候不会考虑钱脏不脏，或者是否会被汽车撞到，他考虑不到安全的需要。贫困山区一些衣不蔽体的人们接收别人捐赠的衣服的时候，他们不会在意衣服是否干净、是否有病菌携带某些传染病，他们根本考虑不到，能够不挨冻就是他们当时最大的需求。

人的需求进入到荣誉阶段，感受到荣誉的重要性的时候，同样就会觉得下面的需求不重要了。比如在改革开放初期，国人参加某些宴会的时候，不太注意自己的外在表现，赴会是为了吃到好吃的，到了会场胡吃海塞一通，完全不顾自己的吃相。但是现在不一样了，许多人吃饭就是为了图个环境，吃饭本身变得无关紧要起来，甚至都不吃了，这些人知道在这个场合再鼓着腮帮子会被嘲笑，显得没有档次，他们会觉得脸面很重要，在意自己的荣誉了。在中世纪的时候，欧洲宫廷里的达官贵人受到顶撞或者侮辱时，会不顾生命的危险与对方决斗，甚至为此失去生命。为了荣誉会轻视生命，生命和荣誉相比就不那么重要了。有人会提出相反的意见，比如韩信胯下受辱，表面上看他似乎为了保全自己的性命（安全）而舍弃了他的荣誉和尊严，其实韩信是一个心胸远大，要追求实现自我价值的人，所以他首先要保住自己的生命，才能在日后实现自我价值。

我们回头再来看看个人需求达到最高境界的情形。在当下的中国社会，很多人家财万贯，表面上看该有的都有了，人们这个时候就能幸福快乐吗？其实未必。追求自我价值实现的这条路就是一条死路。属地生命强调"我"，以自我为中心。一个人的需要得到满足纵然能带来快乐，这快乐却是短暂的，内心的空虚会驱使我们继续追求新的东西，得到之后依旧不满足，人生就在满足与不满足之间摇摆。为什么会这样？因为这个世界本来就不能满足人们内在的需求，人心是无限大的，有限的时间和空间怎么能满足它呢？只有无限的永恒的上帝自己才能满足人的心。"上帝造万物，各按其时成为美好，又将永生安置在世人心里。"（传3：11）既然上帝创造人时已把永生的渴盼放在人心里，世界的名誉、地位和金钱不过是短暂的，怎么能填补永恒的空虚？

离开永恒的上帝而追求这个世界上的成功与满足，就是远离了活水的泉源，就如先知耶利米所说的，"我的百姓做了两件恶事，就是离弃我这活水的泉源，为自己凿出池子，是破裂不能存水的池子。"（耶2：13）如果你离开上帝这活水的泉源，去寻找自己的水，希望这水能带来满足，你永远都找不到。

属地国民的结局就是沉沦和死亡。"他们的结局就是沉沦，他们的上帝就是自己的肚腹，他们以自己的羞辱为荣耀，专以地上的事为念。"（腓3：19）"耶稣对他们说：'你们是从下头来的，我是从上头来的；你们是属这世界的，我不是属这世界的。所以我对你们说，你们要死在罪中。你们若不信我是基督，必要死在罪中。'"（约8：23-24）

有的人说，"等我成功了再信主。"有的基督徒认为："我信了基督就有了永生，保证我死后不会下地狱了。现在可以踏踏实实地追求世界的美事了！"属世的成功和救恩两手都不放，两边都想要。如果真有鱼与熊掌可以得兼的方式来跟随耶稣的话，人们当然会选择这条路，这条路多好啊。

但是没有这样的一条道路，没有中间道路可走。我们属天的生命就是要随时做好准备，不要等着把马斯洛理论所有的这些层次都走完了才决定悔改归向主，这个过程不知需要多长时间，或许离顶峰还远，你就撒手归去！耶稣呼召彼得、约翰做他的门徒时，他们都是渔民，是在为温饱而辛苦劳作的人，套用马斯洛理论，他们处在最底层的衣食住行阶段，可是他们没有说"主啊，等我再打几网鱼，再赚多少钱，或者自我实现后跟随你"，而是立刻舍了渔船跟随主。耶稣呼召税吏马太的时候，马太正在税关上上班，税关在当时可是一个肥差，可以肯定马太应该处在马斯洛理论的上层，马太听到呼召后也是立刻起身跟随了耶稣，没有继续在罪中享受。所以弟兄姊妹，千万不要想着等成功之后才归向上帝，那是徒然浪费宝贵的生命，无论何时听到上帝的呼召，就要立刻转向他。

我在从事婚姻辅导事工的早期看到一个异象，一条大河，河水滔滔不绝地流淌，在河的尽头，是一个万丈深渊，人们在河中顺流而下，这河好像就是人的一生，谁也不能抗拒河流的力量，都在往下流漂去，到河的尽头，则无一例外地落入万丈深渊。其实人们都知道，但是无能为力，人们在河流里争，争什么呢？有的是坐着豪华游艇，有的坐着渔船，有的是坐着小舢板，有的是抱着救生圈，有的人穿着游泳衣，有的人赤身裸体，什么都没有。我看到穿着游泳衣的想上小舢板，坐着小舢板的想上渔船，坐着渔船的想上豪华游艇，而另一方的人则想方设法把想上的人踹下去，人们都在争斗着，他们不晓得，无论他们怎么成功，无论他们坐着什么，都是要下到地狱中去。而耶稣在上游呼喊：你们要回转，回到我这里来！听到耶稣的呼召后，有人会说："耶稣，等等，等我上了好船才能回转。"其实，一个人手里抓的东西越多，逆流而上所需要的力量就越大，顺流而下就越容易。

所以，耶稣对人们的呼召是："人活着，不是单靠食物，乃是靠上帝口里所出的一切话。"（太4：4）"凡喝这水的，还要再渴；人若喝我所赐的水，就永远不渴。我所赐

的水，要在他里头成为泉源，直涌到永生。"（约4：13-
14）

属天的生命

与一切以自我为中心、自下而上的属地生命不同，属天
的生命是以福音为中心、自上而下的生命。耶稣道成肉身，
自天而降，被挂在了十字架上，担当了我们的罪，流出宝
血，洗净我们充满肮脏与污秽的心灵。他赐下真理让我们得
到真正的自由与平安，并应许接我们进入永恒，享受天堂无
与伦比的美妙。上帝呼召基督徒，不要效法这个世界，而要
察验并遵守上帝的旨意，活出丰盛的、属天的生命。

我们看到属地的马斯洛理论一直强调不断获取，是
"得"，而这个属天生命恰恰相反，中心是"舍"，就像基
督一样，他拥有一切，但是他舍掉属天的尊贵荣耀，谦卑自
己来到我们中间，为要救我们脱离死亡的权势。

我们效仿基督的时候，很多人会说："我还没有得到怎
么舍啊，等我得到了再舍吧。"我们怀中现在抱着很多东
西，基督想把他要给我们的东西递给我们，但是我们怀中已
经没有空余的地方来容纳，此时要得到耶稣给予的，必须
先把手中的东西扔掉，《马可福音》中记着一个故事。有
一次，很多人跟随耶稣到旷野，没有什么吃的，耶稣问门
徒手中有什么吃的，门徒说："我们这里只有五个饼、两条
鱼。"耶稣说："拿过来给我。"请记住这句话："拿过来
给我。"如果不将所拥有的五饼二鱼全部交给耶稣的话，怎
么可能喂饱五千人？如果你说："我手头就这么点吃的，我
自己还不够吃，怎么能给你呢？"如果五饼二鱼紧紧搂在你

怀里，那么耶稣怎么能用它来行神迹呢？我们强调服侍的时候恩赐不够，能力不够，但是当我们把所有的都给耶稣时，他就会变腐朽为神奇，带给你意想不到的惊喜。

拿我自己来说，我刚开始做婚姻辅导的时候，认为自己一定要先装备好，有丰富的神学知识才能服侍上帝。那时我就对我的导师说："我要先学神学，如果不上神学院的话，我怎么能做这个工作？"导师说："神学是人研究神的学问，是知识。知识不能改变生命，只有生命才能改变生命。依我看，拿了神学学位的人也不一定有真正生命的。以我的经历，几乎越是有名的神学院毕业的，越难谦卑下来。我觉得，你去学了神学以后，很难再回来做这份工作，那时候你的知识多了，心也就大了，可能更想去领导一个大教会，或者大机构，而不是从事这样一个服侍。"导师的一番话给我很大的提醒，后来在服侍过程中，上帝一点一点来引导我、喂养我，使我走了一条和神学院的科班道路完全不同的道路。保罗说："弟兄们，我告诉你们，我素来所传的福音，不是出于人的意思。因为我不是从人领受的，也不是人教导我的，乃是从耶稣基督启示来的。"（加1：11–12）我很感谢上帝，从事婚姻辅导十多年的时间里，上帝亲自带领我真实地经历许多事情，让我从坎坷的生活经历中去体会去醒悟，学到了很多道理。我读圣经时，许多内容完全不能领受，但是当我亲自经历一些挫折而困苦不堪、悲痛欲绝的时候，切切求告耶稣，那些经文和故事才突然向我打开，发出亮光，使我茅塞顿开、心胸豁然开朗。我知道那是上帝在和我说话，他每时每刻都在看顾我。

我在这里绝对无意贬低神学院系统神学学习的必要性

和重要性（因为如果以后有好的学习机会，我也绝不会放过），而是希望那些像我一样没有机会进神学院学习的弟兄姐妹，不要灰心失望，认为自己没有资格服侍上帝，我们只要先将自己所拥有的"五饼二鱼"毫无保留地交托给基督，他就会用它去满足成千上万人的需求。

> 我们却是天上的国民。并且等候救主，就是主耶稣基督，从天上降临。（腓3：20）

> 耶稣对信他的犹太人说："你们若常常遵守我的道，就真是我的门徒。你们必晓得真理，真理必叫你们得以自由。"（约8：31-32）

属天的生命轨迹

属天的生命与属地的生命是正相反的，其追求轨迹也是相反的。

首先，拥有属天生命的人，要认识到自己的生命本身就是有价值的。我们的生命不是偶然出现的，而是上帝精心的创造，他照自己的形象赋予了我们生命。我们的生命价值不再悬系于一切的虚浮之物，而在于我们是上帝的宝贝儿女，生命的全部意义在于认识上帝、亲近上帝。始祖犯罪后，人类都被圈在了罪中，但是上帝又差派他的独生爱子降世为人、拯救我们。耶稣本来贵为上帝的儿子，有上帝的形象，拥有天上、地上一切的权柄，却虚己，取了人的样子来到世间，来到最底层，为了拯救人类脱离罪恶，甘愿被不法之人钉上十字架。这就是"道成肉身"的奥秘。

当上帝亲自启示这个真理的时候，你会发现自己生命的意义都在基督里，以前苦苦追求自我价值、不断拼搏攀升证明自己的能力，如今却发现上帝已按照你原本的形象接纳你、认可你、爱你，甚至为你流血、为你舍命。你不需要做任何事情讨耶稣的欢心，单单相信他就可以。一个属上帝的人不再自卑，不再需要修饰自己，上帝都按照我原来的样式接纳我了，我为什么不能自我接纳？

有一次我到农村，看到一些可爱的姐妹，是一些中小学文化程度的农村妇女。在人来看，她们卑微、没有什么地位。信主前，她们见到村长都紧张得要命，自认为低人一等。但是，信主后，她们的自卑感荡然无存。有一次听说某大学中文系教授自称看不懂圣经，她们自豪地说："他们虽然是大学教授，但是不信主，当然看不懂圣经。我们虽然认识的字不多，但我们是信主的，是上帝的孩子，所以懂上帝的话。"

属天生命是一个舍去的生命，全部生命的意义在于寻求上帝，恢复和上帝的关系。

"他从一本造出万族的人，住在全地上，并且预先定准他们的年限和所住的疆界，要叫他们寻求上帝，或者可以揣摩而得，其实他离我们各人不远，我们生活、动作、存留都在乎他。"（徒17：27–28）这段经文道出我们生命最本质的东西是要认识上帝，这就是生命的意义。"一本"是指从亚当开始，造出万族，地球上的所有人，上帝都定好了他们活多大年纪、疆界活动的范围，人们在世上生活，是为了干什么呢？不是为了自我实现、自我享受，自我成功，目的是为了寻求上帝。比如我，生在中国，长到了这么大岁数，上帝安排了我的婚姻，让我经历婚姻中的坎坷，所有的这一切，都是为了让我寻求上帝，这是全部生命的意义。那些处在单身中正在寻求婚姻的弟兄姐妹，结婚生孩子不是你们生命的全部意义，你们生命的意义在于寻求上帝、认识上帝。结婚生孩子只不过是一个认识上帝的途径，婚姻会让你更深地理解基督和教会的关系，但是婚姻不是你苦苦追求的偶像，不是你的目标。

其次，拥有属天生命的人不再重视个人的荣誉，而是全力荣耀上帝。蒙恩得救之后的生命是与基督同钉十字架的生命。"现在活着的不再是我，乃是基督在我里面活着；并且我如今在肉身活着，是因信上帝的儿子而活，他是爱我，为我舍己。"（加2：20）为基督而活的时候，我们做事的唯一目的就是荣耀上帝。耶稣基督在世间的时候，地上的人都反对他、唾弃他，不承认他是上帝的儿子，但是他单单取悦天父，甘心为了荣耀父的名受凌辱。

《哥林多前书》4章13节说："直到如今，人还把我们看作世界上的污秽，万物中的渣滓。"的确，基督徒通常都会被看成另类，其实我们就是另类。我大学的同班同学最近邀请我给她女儿举办婚礼，我说："要举办基督徒的婚礼必须懂得这方面的道理。"我就给他讲福音，没想到他信主了，我带他作了决志祷告。他祷告后说："大同，你知道过去全班同学怎么看你？"我问："怎么看我？"他说："大家以为你不正常。"原来大学同学聚会时，同学们谈论的内容无非是车、房、如何赚钱，我不感兴趣，我就和他们讲福音，他们也都听，我还挺感动的，原来虽然他们表面上在听，但是心里觉得我不正常。感谢主，四十多个同学，现在终于有一个信主了。

我所认识的一位牧者，四十多岁已经是某大医院心脏病外科的专家，他虽然拥有这样受人羡慕的职业，但是去年他辞职不干，专职做牧师了。有一次遇到一个在那家医院工作的人，我问他知道不知道这位专家，他疑惑地说："哦，那个人是不是有病啊？"我说："怎么有病？"他说医院的人都说他有病，好好的大夫不做，去信什么基督去了。世人常常会认为我们这样的人不正常，我们却认为他们需要拯救，基督徒分别为圣就是这样。"许多人以我为怪，但你是我坚固的避难所。"（诗71:7）

属地生命的人考虑自己的面子、寻求自己的荣耀，属天生命的人却要活出上帝的形象。每逢做事的时候，我们要将上帝的荣耀放在首位。如果是为了上帝，即使弟兄姊妹不理解，也要坚持下去，不把别人对自己的看法置于基督的荣耀之上。

我听说有一个教会的带领人，年过半百，和妻子关系不好而分居两地，却都在教会服侍。一个二十几岁刚刚信主的女孩子对这个带领人萌发了崇拜之情，甚至想嫁给他。她的家人都忧心忡忡，百般劝阻。这个带领人却认为这份感情是上帝给他的，是上帝看到他"独身"服侍的苦处而为他预备的，就想和妻子离婚，与这年轻女子结婚。这件事情在教会内外引起轩然大波，不少人因此而跌倒，有些不信主的人听到后对基督教产生了反感。我感到很痛心，不知这个带领人做事情的时候是否首先考虑到上帝的名是否因此而受损。保罗为了弟兄的缘故，连肉都不吃。作为传道人，虽然有结婚、离婚的个人权利，但是，即便有许多正当的理由，只要这样做会绊倒弟兄，令上帝的名受羞辱，就应该放弃这权利，更何况有如此多的阻碍。可他依旧我行我素，只能说他还在属地的生命轨迹上，丝毫没有真正属天生命的特征。

在侍奉过程中，三个"G"，即金钱（Gold）、女性（Girl）和荣耀（Glory），对我们构成极大的诱惑。第一个就是金钱，这点不需多说；第二点，因两性关系跌倒的不乏其人；而第三点却很难被人注意，"荣耀"是隐蔽的诱惑，特别是对那些属灵领袖来说。当有了影响力、也取得了一些成就的时候，往往也开始特别在意自己在别人眼中形象，做选择和决定时，会更多考虑周围人的感受，想让大家都说好。耶稣在世上的时候，一个说他好的都没有，我们怎么能让别人都说我们好呢？

当我们荣耀上帝的时候，毫无疑问，自己也会得到荣耀，这种被上帝认可、从上帝而来的荣耀令我们喜乐、满足，与属地的荣耀相比更具永恒的意义。耶稣听到拉撒路的死讯时说："……乃是为上帝的荣耀，叫上帝的儿子因此得荣耀。"（约11：4）上帝的荣耀临到一个人时，会让人更加诚惶诚恐，更加谦卑。一个人如果越成功就越骄傲，肯定不是在求上帝的荣耀，而是求自己的荣耀。

> 叫我们主耶稣的名在你们身上得荣耀，你们

也在他身上得荣耀，都照着我们的上帝并主耶稣基督的恩。（帖后1：12）

品尝到了这种荣耀，我们愈发会谦卑自己，知道那是上帝的荣耀，不是我们自己的。也许有人会问：这样我们不就完全失去了自己的个性吗？

路易斯（C. S. Lewis）说："我们越让上帝做主，就越能成为真正的自己。因为他按照自己的心意造的我们，刻意地创造了不同的你和我。当我完全转向基督，并将主权交给他的时候，我就开始成为真正的我。"

其实，我们在属地生命的轨迹中才是真正失去自己的个性。因为我们虽然看起来是按照自己的意志生活，很有自由和个性，实际上是活给周围的人看。幼年时活给父母看，学校里活给老师和同学看，工作上活给老板看，社会上活给你所处的阶层看。每个领域中我们又都是按照人所造的各种偶像为榜样来塑造自己。所以我们显现的是一个混杂了各种偶像的形象，而不是上帝的形象。上帝造了我们，他最知道我们自己真正的独特个性，所以只有将主权交给他，我们才能找到真正的自我价值，活出真正的自我来。

第三，拥有属天生命的人，在与人交流的时候，不是为满足自己的需要，而是为了建立关系、传讲福音。

属天生命的人也有人际交流的需要，但是他们进入社会以及与人交流的目的不再是满足个人心理的需要，而是见证耶稣、广传福音，得人如得鱼。

属地生命的人，沟通需求是为了"自我"，自我孤独需要找人倾诉，自我富足需要找人炫耀。在这个过程中，我找你完全是为了我自己，如果你不理睬我，对不起，我也不死皮赖脸地缠着你。属天生命的人则甘心忍受伤害来倾听对方，主动与对方建立关系，与哀哭的人同哭，担当别人的软弱、承受别人的压力，即使被误解、受委屈，依然不放弃。因为我们从基督身上懂得一个真理：爱，就意味着准备承受被所爱的人伤害。

> 我传福音原没有可夸的，因为我是不得已的；若不传福音，我便有祸了。我若甘心作这事，就有赏赐；若不甘心，责任却已经托付我了。既是这样，我的赏赐是什么呢？就是我传福音的时候，叫人不花钱得福音，免得用尽我传福音的权柄。我虽是自由的，无人辖管，然而我甘心作了众人的仆人，为要多得人……向什么样的人，我就作什么样的人。无论如何总要救些人。凡我所行的都是为了福音的缘故，为要与人同得这福音的好处。（林前9：16-22）

第四，拥有属天生命的人追求的不是安全感，而是来自上帝的平安。"安全感"是"感觉安全"，但不是真正的安全。房子、存款、稳定的工作都不能保证你的未来，一场灾难降临，这些就都没有了。即便是你自己头脑里的聪明才智、知识技术也会老化过时，或者因伤病而失去。属天生命的人不依靠自己双手建立起来的安全感，不为任何的缺乏而忧虑，不为任何的失败而苦恼，不被任何的困难所吓倒，内心充满由基督而来的平安。

上帝要带领我们进入这样的境地："我们四面受敌，却不被困住；心里作难，却不至失望；遭逼迫，却不被丢弃；

打倒了，却不至死亡。"（林后4：8-9）

虽行过死荫的幽谷，我们也不怕遭害，上帝的带领与保守让我们卸去一切的忧虑。

> 我留下平安给你们，我将我的平安赐给你们。我所赐的，不像世人所赐的。你们心里不要忧愁，也不要胆怯。（约14：27）

> 我将这些事告诉你们，是要叫你们在我里面有平安。在世上你们有苦难，但你们可以放心，我已经胜了世界。（约16：33）

第五，拥有属天生命的人相信上帝必看顾我们的衣、食、住、行。属地生命的第一需求，也是世人最看重的事情，却是属天生命的人最不用担心的。

> 你们要先求他的国和他的义，这些东西都要加给你们了。（太6：33）

我们不用为自己的生活所需而忧虑，上帝会看顾我们。正像主祷文中所说："我们日用的饮食，今日赐给我们。"（太6：11）他不是一下给你几个月或几年的饮食，也不用你去积累储存日后所需。

我听到有的弟兄姊妹这样诉苦："上帝是不是因为太忙而忽略了我的需要？" "是不是他明明知道我的需要，却不愿意给我？"要知道：上帝比你更清楚你自己的需求："你们没有祈求以先，你们所需用的，你们的父早已知道了。"（太6：8）

没有任何人能像上帝那样对待我们。一首圣诗中唱道：

"耶稣必看顾你，时时看顾，处处看顾。"上帝对我们的爱和公义不容置疑，你目前所面临的一切，都是上帝根据你的生命状况，量身为你安排的。他没有满足你所期望的，一定是因为现在给你不合适。

耶稣告诉我们："你们看那天上的飞鸟，也不种，也不收，也不积蓄在仓里，你们的天父尚且养活它。你们不比飞鸟贵重得多吗？"（太6：26）

上帝为天上的飞鸟准备了它们所需用的饮食，但并没有把食物放在飞鸟的眼皮底下，让他们尽情地吃，那样看起来是爱它们，实际上是把它们都害了，因为它们很快就都会肥胖得不能飞行而渐渐死去。上帝要它们自己去寻找，因为只有寻求，才使它们始终保持轻盈的身体、强壮的翅膀、灵活的反应和敏锐的目光。而这些都是拥有美好生命所需要的基本保障。耶稣告诉我们：在上帝的眼中，我们要比飞鸟贵重得多。

所以，进入属天的生命轨迹，按照上帝的心意而活，他就会让我们在他里面，得着丰盛的生命。